课堂提问3P模式：

促进小学生思维品质发展的研究

余贝贝 / 著

苏州大学出版社
Soochow University Press

图书在版编目（CIP）数据
课堂提问 3P 模式：促进小学生思维品质发展的研究 / 余贝贝著. -- 苏州：苏州大学出版社，2025. 4.
ISBN 978-7-5672-5223-3
Ⅰ. G623. 312
中国国家版本馆 CIP 数据核字第 20254326LU 号

KETANG TIWEN 3P MOSHI: CUJIN XIAOXUESHENG SIWEI PINZHI FAZHAN DE YANJIU

责任编辑: 金莉莉　　**装帧设计**: 刘　俊

出版发行: 苏州大学出版社
社　　址: 苏州市十梓街 1 号
邮　　编: 215006
印　　刷: 苏州市古得堡数码印刷有限公司
版　　次: 2025 年 4 月第 1 版
印　　次: 2025 年 4 月第 1 次印刷
网　　址: http://www. sudapress. com
邮　　箱: sdcbs@ suda. edu. cn
开　　本: 700 mm×1 000 mm　1/16
印　　张: 12. 25
字　　数: 201 千
定　　价: 58. 00 元

图书若有印装错误,本社负责调换
苏州大学出版社营销部电话　0512-67481020
苏州大学出版社天猫旗舰店　https://szdxcbs. tmall. com

序 言

作为余贝贝老师攻读博士学位期间的导师，在见证贝贝学术蜕变的四年间，我感受到一位已经成为地方基础外语教育带头人的教育工作者以归零心态重返课堂、重做学生的勇气与坚持，也见证了她自我突破、不断成长的砥砺与成长。

一线教师的学术研究成长之路常伴随着自我解构、自我重构的阵痛。余贝贝拥有十三年一线教学实践经验，作为小学英语教研员，她也有丰富的教研实践经验。但在博士项目研究中，她需要突破固有经验框架，需要在实践研究的基础上，学会理论思辨。令我欣慰的是，她始终以主动姿态“如切如磋，如琢如磨”地直面挑战——从课堂观察叙事到教育理论研读，从质性数据解读到混合范式运用，每一步或大或小的跨越都印证着贝贝作为研究者的主体性觉醒。尤为可贵的是，其研究扎根基础教育现场，以“田野深耕”的学术探究实现了理论研究与实践关怀的有机统一。

贝贝的这部专著是在其博士研究论文基础上完善而来的，这份成果也凝聚着多位学者的智慧：李润洲教授给予教育哲学维度的启迪，黄晓教授给予质性研究方法指导，张立新教授为研究设计精准把脉，答辩委员会叶忠教授、张宝辉教授、张维忠教授等专家也给出了建设性的批判建议。专家们的重要指导丰富了这项研究的视角，也彰显出学界前辈悉心提点晚学的学术传承意义。

作为贝贝的导师，我理解她在读博过程中肩负着多重身份的责任压力，也欣赏她为平衡担当这些责任所作的努力。她是在专业成长路上“清零再出发”的学术探索者，也是一个年幼孩子的母亲、一位忙碌丈夫的妻子、一位主持县域小学英语教研工作的学科带头人。深夜里的书桌灯光与晨曦中的校园景象交替辉映，映照出的，不仅是她在时间管理上的自觉和自律，也是一名青年女性学者全力以赴、不断突破成长阈限的生动画面。我相信这个自我锤炼的砥砺过程会赋予她更高维的宏阔视野、更深刻的教育理解、更严谨的治学态度，帮助她成为更具引领能力的小学英语教育与教师发展学科带头人。

本书是余贝贝小学英语教育教学探究的阶段性成果，其付梓出版，也意味着她即将开启新的研究阶段。期待贝贝既能保持“为有源头活水来”的学术活力，又能坚持“板凳甘坐十年冷”的学术定力，不断拓展学术视野，持续深耕教育研究，早日成长为兼具丰富实践智慧与深厚理论素养、积极推动基础外语教育改革实践与研究的教学名师。

胡美馨

2025 年 3 月于浙江师范大学

目 录

绪 论

一、研究背景

教育部颁布的《义务教育英语课程标准（2022 年版）》（简称《课标 2022》）将思维品质定义为人的思维个性特征，反映学生在理解、分析、比较、推断、批判、评价、创造等方面的层次和水平。这一品质的提升不仅能帮助学生发现、分析和解决问题，还能推动学生综合能力的发展。课堂提问能够更好地促进启发式、互动式、探究式教学，引导学生主动思考，提升思维品质，因此，研究高质量的课堂提问与学生思维品质提升的关系机制，探究不同教龄小学英语教师的课堂提问特征对学生思维品质的影响差异，将有助于提高教师的课堂提问能力，从而更好地提升学生的思维品质。聚焦小学英语课堂，小学教师课堂提问对学生思维品质具有怎样的影响？如何通过教师的课堂提问来提升学生的思维品质？这些已成为小学英语教学领域亟须解决的重要议题。

1. 高阶思维培养与小学课程教学改革

纵观整个人类历史，我们当今所处的时代非常特殊，互联网的出现，让个人效能时代变为群体效能时代，给教育带来了新挑战。人工智能的出现，又让人类进入了一个机器效能时代，更是带来了进一步的挑战。随着技术的更新迭代，这个世界一直不断加速发生着变化。我们可能无法想象，在我们的有生之年会看到人类 50%～80%的工作被机器替代，记忆性和重复性的工作在未来将不复存在。若我们仍执着于学生记了多少、知道多少，他们又将如何面对未来的社会、生存和发展？在信息多元化和数字化时代，各种知识纷至沓来，仅仅让学生了解和掌握这些知识，已经无法适应这个社会的变化。那么，学校到底要教给学生什么，才能让学生应对当下及未来呢？面对学生的未来发展，部分父母会有不同程度的焦虑，我们应该怎样培养学生，为学生将来的发展奠基呢？目前最为核心的是学校教育应赋予学生探究问题、判断和鉴别信息、处理当前所面临问题的能力，进而为未来的生存与发展做好准备。自 20 世纪 60 年代末起，美国劳工部下属的劳动力技能委员会持续监测工作技能需求和职位要求的演变。他们注意到，需要高级思维和复杂沟通技巧的职位比例正逐渐增加，而对传统认知任务和体力劳动岗位的需求则持续减少。因此，当前学校要做的不是教会学生多少知识，而是培养学生理解、判断、鉴别等高阶思维能力，培养学生进行有意义工作的情绪管理能力，以及培养学生的合作与问题解决能力。① 其中，高阶思维被认为是学生在 21 世纪须具备的关键能力和品格之一。

高阶思维是世界上很多国家和教育研究机构所倡导的，被视为未来需要重点培养的关键能力之一。2000 年，美国国家教育目标将批判性思维列为学生必备的关键能力，加州大学教育、多元化和卓越研究中心（Center for Research on Education，Diversity and Excellence，GREDE）将培养高阶思维纳入 1998 年至 2001 年教师专业成长计划需要关注的五项教学标准中。1994 年，美国颁布的《2000 年教育目标法》提出了要提升全美学生在逻辑推理、问题解决、知识应用、交流写作等高阶思维能力方面的培养。2002 年 1 月，这一要求被写入了《不让一个孩子掉队》法案，该法案规定“高阶思维技能和理解”须被纳入学业水平测试评价。除此之外，新加坡同样重视学生高阶思维能力的培养，并于 2009 年发布了《理想的教育成果》，其提出的四个目标为人才培养与课程改革指明了方向。2010 年，新加坡教育部推出了新的 21 世纪素养框架，涵盖核心价值、社交及情商能力、21 世纪素养三个层次。英国早在 20 世纪 70 年代末就提出了这一素养框架，并于 1993 年制定了《学校督导手册》，该手册将高阶思维能力、问题解决能力等确定为核心技能。经过 30 多年的发展，核心技能在英国学术教育、职业教育等各种职业路径中，成为适用范围广、目标受众多的技能。这些技能与标准逐渐被纳入国家对中小学教育的督导评价指标体系中，成为衡量学生发展的重要指标。综上，无论是美国、新加坡还是英国，均将创造力、批判性思维、问题解决、创新思维、推理决策等纳入高阶思维范畴，使之成为中小学课程教学改革的重要内容。

---

① 汪茂华．高阶思维能力评价研究［D］．上海：华东师范大学，2018.

根据 2016 年世界教育创新峰会（World Innovation Summit for Education，简称 WISE）发布的《面向未来：21 世纪核心素养教育的全球经验》报告可知，高阶思维已经是 21 世纪核心素养的关键构成要素。2019 年，联合国教科文组织国际教育局（International Bureau of Education of United Nations Educational，Scientific and Cultural Organization，简称 IBE-UNESCO）发布这一领域的指导性文件，将高阶思维确定为学生面对不确定的未来所需要具备的关键能力之一。除此之外，高阶思维中的创新能力也被纳入了 2021 年的国际 PISA 测评内容。

高阶思维的培养是学生应对不确定的未来最为重要的技能和素养，已经成为学术界的共识。众所周知，杜威在《我们如何思维》一书中提及了思维性质。他认为，好的学习必须唤起儿童的思维。① 布鲁姆和加涅等人的学习理论认为，高阶思维是学生学习的关键要素。美国教育学者艾维认为，高阶思维是维系科技文明社会的必备能力。现代教学技术教育部重点实验室主任胡卫平教授指出，深度学习旨在促进高阶思维的发展，其本质特征是深度思维。② 上海市教育科学研究院普通教育研究所夏雪梅所长认为，数字时代对传统教育的冲击、国家创新战略要求及学习科学研究和信息技术发展，培养学生对复杂概念的深层次理解，以及创造新概念、新理论、新知识等高阶思维能力迫在眉睫。③《国家中长期教育改革和发展规划纲要（2010—2020 年）》明确了我国向创新型国家转型的宏伟目标。与此同时，包括芬兰和丹麦在内的欧洲诸国也在积极推进以思维发展为核心的教育模式，旨在构建学习型社会。这些举措不仅推动了对高技能劳动力需求的增长，还加剧了国际的人才争夺。这种高级技能体现了个人在专业领域的深度思考能力。科学作为研究人类思维和学习的学科，以建构主义、人类学、发展心理学、计算机科学、神经科学等为理论基础，注重追求深入理解，将重点从简单的知识和技巧的掌握，转移至思维能力的培养上。这种转变标志着从获取零散表层信息，转变为对复杂概念的深度洞察和实践应用；从被动接受知识，转变为积极参与知识构建。这种转变要求学生具备思考、怀疑等高

---

① 约翰·杜威．我们如何思维［M］．王文印，译．上海：东华大学出版社，2021.

② 胡卫平．深入理解科学思维　有效实施课程标准［J］．课程·教材·教法，2022，42（8）：55-60.

③ 夏雪梅．真实课堂中的高阶思维分析及教学设计［J］．现代教学，2014（9）：10-11.

阶思维能力。培养高阶思维能力已经成为国际教育界的共识，而如何构建全体学生的有效培养路径，则是全球教育改革的焦点。

2. 作为英语学科教学核心任务的思维品质培养

从英语学科来看，学科组专家也发现高阶思维的重要性。目前，英语学科培养目标聚焦学生核心素养，包括培养学生正确的价值观、必备品格和思维品质。具体而言，《课标 2022》将思维品质界定为学生在理解、分析、比较、推断、批判、评价、创造等方面的能力水平，用以考量学生思维个性差异。众所周知，无论是课程改革还是素养变革，均将思维品质提升作为重要方向，旨在让学生学会发现问题、分析问题和解决问题，对知识与外部事物做出正确的价值评判。《课标 2022》总目标提出，要通过课程教学提升学生思维品质，实现语言学习与思维发展互促互构，使学生掌握从多角度认识世界、理性表达观点、发展逻辑思维与辩证创新思维的能力，培养兼具敏捷性、灵活性、创造性、批判性和深刻性的思维品质。① 英语课程标准专家组成员陈则航、王蔷等认为，语言训练与思维品质密切相关，既体现在语言学习对思维发展的促进作用上，也体现在学习英语能丰富逻辑思维能力、推动思维品质提升方面。② 北京师范大学外语学院程晓堂教授认为，英语教学活动本质上是基于思维认知的学习活动，所有英语教学活动离不开语言这一媒介。③ 但凡涉及语言的活动就需要思维与认知的参与，需要大脑通过思维去认识世界、理解世界甚至改造世界。④ 因此，培养思维品质是英语学科的内在要求，也是时代赋予的使命。

从中国人民大学复印报刊资料全文转载的与英语思维品质培养相关的论文来看，从 2014 年开始就有学者认为，在英语阅读教学中培养思维品质是英语教学的核心价值。2016 年，有 5 篇论文关注思维品质的

---

① 中华人民共和国教育部．义务教育英语课程标准（2022 年版）[S]．北京：北京师范大学出版社，2022.

② 陈则航，王蔷，钱小芳．论英语学科核心素养中的思维品质及其发展途径 [J]．课程·教材·教法，2019，39（1）：91-98.

③ 程晓堂．在英语教学中发展学生的思维品质 [J]．中小学外语教学（中学篇），2018，41（3）：1-7.

④ 程晓堂．在英语教材编写中渗透思维品质的培养 [J]．外语教材研究，2022（1）：60-73.

培养，如龚姚东指出英语教学应该从关注思维品质转向培育品质思维。① 从 2017 年到 2024 年 3 月止，有多篇关于英语思维品质如何培养的论文被中国人民大学复印报刊资料全文转载，学者们主要从教学方法的角度探究思维品质如何培养，例如，通过英美文学阅读、整本书阅读、巧用连环画、项目化学习等教学方法。这些全文转载的论文，有一些来自大学研究机构的顶层设计学者，还有一些来自一线教师。从这样的研究趋势中，我们可以总结出，不管是政策的顶层设计者、高校学术机构的研究者，还是一线教师，大家都认为思维品质是英语学科需要努力培养的学生的关键能力之一，是奠定学生未来发展的重要素养。

3. 课堂提问对思维品质的促进作用与实践挑战

课堂提问的重要功能使我们必须对其进行关注。

第一，课堂提问作为有效教学的核心环节，不仅承载着师生互动的情感支持，驱动着教学行动推进，更是贯穿知识和信息“输出—传递—反馈”的全过程，切实影响师生课堂互动的实效。② 2019 年，中共中央、国务院发布的《关于深化教育教学改革全面提高义务教育质量的意见》明确要求在课堂中开展启发式、互动式、探究式教学，引导学生主动、自主探究，切实提高课堂教学质量。由此看来，提问在上述三种教学法中占据着至关重要的地位，是推动学生思维发展和深化学习的核心策略。在启发式教学中，提问不仅是激发学生主动学习的关键，还充当着引领学生独立探索的催化剂。教师通过提出开放性问题，鼓励学生从多维度审视问题，从而培育出问题意识和分析、解决问题的能力。在互动式教学中，提问作为沟通的桥梁，强调师生及学生之间的交流与互动。教师利用及时的提问引导学生参与课堂讨论，分享想法与观点，这种互动性的提问不仅增强了学生的参与感，也加深了他们对知识的理解，加强了他们对知识的运用。对于探究式教学而言，提问是连接理论与实践、引导实验和创新的纽带。教师的提问紧密结合实际情境，激励

---

① 龚姚东．从思维品质到品质思维：刍议英文教学中的思维品质培养［J］．英语学习（教师版），2015（12）：4-7.

② 张萍，霍丽红．指向高阶思维发展的优质课堂提问研究：以《新标准英语》（外研版一年级起点）为例［J］．福建教育，2019（5）：52-53，63.

学生通过实验等寻找答案，有效地培养学生的实验技能和创新能力。

第二，课堂提问是实现教学目标的关键环节，在培养学生思维能力这一教学目标方面发挥着不可替代的作用。《课标 2022》将小学阶段的思维培养目标归纳为观察与辨析、归纳与判断、批判与思考三个维度。课堂提问是落实这些维度目标的实践手段，通过设置不同层次的问题，激发学生思考，达成新思维能力培养目标。首先，课堂提问引导学生聚焦课程内容的特定方面，并要求他们识别和阐述信息，从而培养他们的观察能力和表达能力，提升他们在观察与辨析方面的思维能力。其次，恰当的提问，促使学生对观察到的信息进行逻辑性的组织和结构化处理，基于现有信息进行深入推理，突破具体事实局限，提高对概念的理解能力和实际运用能力，发展归纳与判断能力。最后，通过提问，激励学生去解构并评估各种观点、证据和方法论的合理性与真实性；培养学生独立分析的技能；引导学生对信息进行权衡，判断其价值，从而显著提升批判性思考能力。

第三，课堂提问作为师生互动交流的关键媒介，扮演着促进思维品质提升的重要角色。《课标 2022》强调，思维品质的总目标是在语言学习与思维发展的相互促进中实现的。具体而言，该目标要求学生在掌握英语语言技能的同时发展自己的思维能力，同时通过思维能力的提升来加深对语言的理解，加强对语言的运用。准确运用语言有助于学生明确界定概念和锤炼思想，从而提升逻辑思维能力。但要实现这一目标，学生不仅要系统性地学习知识，还要不断实践和应用。课堂提问是师生互动的关键方式。通过课堂提问，师生能够建立起有效的联结。一方面，教师能通过提问激发学生的学习热情和探索欲，在诊断学生学习情况的同时，进一步引导学生思考和解决问题，发展学生思维。此外，教师的思维模式和对问题的处理方法往往会给学生带来一些启发，促进学生良好思维品质的培养。另一方面，学生通过提问构建起新旧知识间的联系，在深层次批判和思考过程中从不同角度深化对知识的理解，形成自己的观点，并在交流互动中清晰表达，从而锻炼自身独立思考和批判分析的能力，提升思维品质。

第四，课堂提问是实现学生高阶思维的关键策略。有研究者将课堂提问的功能总结为三个方面：引发学生思考，锻炼他们的思维能力；帮助教师活跃课堂气氛，有效吸引学生的注意力，使学生保持专注；反馈教学效果，为后续教学过程的开展做铺垫。

优质的课堂提问将直接影响学生思维能力的发展。香港理工大学祝新华教授认为，教师的课堂提问作为一种重要的英语教学策略，对于提升学生的思维品质具有显著影响，因而在教学实践中获得了广泛关注。① 然而，由于缺乏对课堂提问这一教学策略的研究和培训，教师在实践中遇到了不少挑战，导致该策略无法发挥其应有的功能。

第一，从课堂提问中的问题准备、问题提出和问题回应这三个方面，研究者总结了课堂提问中的问题。例如，在问题准备阶段，教师往往提出大量可用“Yes/No”回答的基础问题，有一些研究者从英语教学的课例观察中发现，学生在回答教师提出的问题时，大多没有对文章内容进行真正的思考，而是对文章内容进行了部分摘读，其学习效果不尽如人意。②

第二，英语课堂上，教师的提问无法促进学生高阶思维发展的现象普遍存在。其具体表现在以下几个方面：① 教师过度依赖低阶思维问题，无法有效促进学生高阶思维的发展。当下的英语课堂，教师习惯于将教学目标设定为知识灌输式的低阶思维培养，却忽视对“评价”和“创造”等思维认知过程的关注，从而导致英语教学目标与思维品质培养要求之间出现明显偏离。根据研究统计，教师平均每天要提出 200~300 个问题，其中大多数问题属于事实性或内容性的低阶思维问题，其余的主要是过程性问题。③ ② 教师在提出高阶思维问题时，未能有效地为学生设计铺垫性问题。教师课堂提问的逻辑应由简至繁，逐渐引导学生深入探究。换言之，在高阶思维问题的讨论中，如果没有低阶思维问题为学生搭建脚手架，学生在面对复杂的问题时，往往会感到迷茫和无助。③ 课堂叫答机会的不公平性，阻碍学生思维品质的发展。学生在课堂教学中被提问的频率，不仅体现了学生获得回答问题的机会的多少，也是学生参与学习实际机会的直接体现。理想情况下，所有的学生

---

① 祝新华．改进教师在阅读课堂提问中的反馈：增加数量、提升质量［J］．教育研究与实验，2016（5）：70-76.

② 孟建华．发展学生思维品质，加强绘本课堂提问［J］．中小学英语教学与研究，2020（12）：9-13.

③ Marzano, R. J. & Simms, J. A. *Questioning Sequences in the Classroom* [M]. Bloomington, IN: Marzano Research Laboratory, 2014.

应享有同等的机会参与课堂问答。然而，研究表明，教师在课堂上更倾向于频繁地提问学习成绩优秀的学生，相较之下，学习困难的学生和学习成绩一般的学生得到的提问机会明显较少。[①] 因此，课堂叫答机会的不公平性，可能极大地限制学生间的互动，阻碍学生思维品质的发展。④ 教师提问后未给予学生足够的思考时间。罗维提出，在课堂上，将等待时间由 1 秒延长到 3~5 秒，可以让学生有更长的时间回忆。等待时间有利于进一步提升学生对所学知识的理解。然而，一些教师觉得这种等待时间没有必要，会占用课堂时间，导致学生没有足够的思考时间，尚处于浅表学习状态，同时也会让发言的机会固定在几个成绩比较好的学生身上，制约学生高阶思维的发展。⑤ 学生应答的思维层次与追问问题思维层次不匹配。在一些英语课堂上，教师高估了学生回答的思维层次，而未能充分了解学生的当前能力及其语言应用水平。他们设计了与学生最近发展区不相匹配的问题，导致学生应答的思维层次无法达到教师追问的思维层次。[②] ⑥ 教师反馈素养不足，制约了学生思维品质的发展。教师的反馈素养对于学生的思维品质发展是极其关键的。如果教师缺乏必要的反馈素养，如反馈无法有效改进学习，将会影响反馈的有效性，进而阻碍学生思维品质的发展。[③] 在课堂教学中，教师要广泛运用小组讨论的形式，让学生能自由交流和分享观点。

以上课堂提问的功能与现状的对照，让我们不得不思考如何通过课堂提问的优化来提高课堂教学质量。不管是将课堂提问作为课堂教学质量提升的有效手段，还是实现课堂教学目标的重要策略，抑或是课堂提问具有提升学生思维品质的功能，都说明我们需要对其进行研究，从而进一步优化课堂提问，促进学生思维品质的提升。

二、研究意义

本研究在理论和实践层面上均具有显著价值，为教育领域提供了宝

---

① 郝亚迪，胡惠闵．从课堂提问看学习机会的公平：基于 Z 市初中生的调查分析［J］．教育发展研究，2016，33（2）：64-70.

② 牟金江，蒙晓云．高中英语阅读课教师追问对学生应答思维层次的影响研究［J］．基础教育外语教学研究，2021（3）：5-10.

③ 赵勇，兰春寿，杨成林．师生反馈素养的价值意蕴与发展路径［J］．宁波大学学报（教育科学版），2023，45（4）：72-78.

贵的指导，并对不同阶段的教师专业发展提出了具体建议，有助于推动高质量教育的进程。

1. 理论意义

思维品质是义务教育阶段英语学科核心素养的重要构成，是国家学科育人目标实现的重要维度。研究如何优化教师课堂提问这一教学策略来促进学生思维品质的提升是英语学科育人的内在要求。本研究的理论价值主要体现在以下两个方面：第一，它建立了教师课堂提问与学生思维品质之间的关联性，也在实践研究的基础上，提出了改进策略，建立了课堂教学与学生核心素养发展之间的重要联系。第二，课堂提问是课堂教学质量提升的核心要素，通过研究优化课堂提问来促进学生思维品质的提升，是对已有课堂教学理论的拓展，在英语学科中研究这一话题，可以为课堂教学理论提供有益的学科证据，促进课堂教学理论走向实践。

具体而言，本研究通过文献研究法和理论研究法，对学生思维品质的发展与进阶进行系统研究，深化对学生思维品质的理解，分析不同专业发展阶段教师在课堂上的不同提问方式对小学生思维品质发展与进阶的影响及其成因，并在此基础上提出教师有效课堂提问的理论模型（课堂提问 3P 模式①）。为进一步深化此研究，本研究编制了五年级学生英语思维品质测试卷，并对其信度和效度进行了分析，确保其适用于五年级学生。同时，本研究还采用了实验研究法，考查了小学英语教师运用本研究所提出的课堂提问 3P 模式提升小学生思维品质的效果，并通过课堂观察、教师访谈等方法，分析了其中的原因。

2. 实践意义

本研究关注如何优化小学英语教师的课堂提问，探讨小学英语教师课堂提问的有效策略，对于提升学生思维品质，具有重要的现实意义。本研究的实践意义主要体现在三个方面。

首先，本研究有助于提升学生思维品质。我国新时代人才培养的核

---

① 课堂提问 3P 模式：准备问题（Prepare Questions）、提出问题（Present Questions）和处理回应（Process Responses）。

心问题主要体现在“培养什么人、怎样培养人和为谁培养人”，学生思维品质的提升，直接关乎其核心素养的发展，关乎“培养什么人”这一根本，而优化课堂提问对应着“怎样培养人”的关键环节。从国家层面来看，在新时代研究这个问题，符合国家未来人才培养的发展导向，有助于储备优质人才资源。因此，探索并完善教师课堂提问的技能、策略，能有力助推学生思维品质提升，为高质量教育发展注入动力。

其次，本研究有助于提升教师的教学能力，尤其是课堂提问能力。本研究关注新手型教师和熟手型教师，深入探讨两类教师在教学实践中的不同表现和成长需求，以及他们对教学模式创新的接受度和实施效果。研究新手型教师至关重要，虽然新手型教师缺乏经验，难以有效回应学生的反馈和提问，从而影响教学效果，但他们对新教学模式通常持开放态度，能够引入新颖的教学思路和方法，为传统教学注入活力。通过研究新手型教师，我们能更好地了解他们在早期的职业发展中遇到的挑战，并给他们提供支持，以增强他们的职业认同感和提高他们的专业能力。同时，对熟手型教师进行研究也同样重要。熟手型教师凭借丰富的教学经历能够在新教学模式的应用上游刃有余，并且提供专业且深刻的意见和建议。然而，他们也可能因为对新教学模式的抵触和对原有经验的过度依赖而显得相对保守，有时忽略了以学生为中心的教学原则。因此，通过对熟手型教师的研究，我们可以获得成功的案例和宝贵的经验，为创新教学模式提供指导，同时激励教师更新教学方法和手段，以提升课堂教学的整体水平。

最后，本研究还通过课堂观察、教师访谈等方法，研究新手型教师和熟手型教师通过课堂提问 3P 模式促进学生思维品质发展的效果差异，并分析了其中的原因，以求为不同类型教师的发展提出针对性的建议。

三、书的结构

本研究聚焦如何通过优化小学英语教师的课堂提问提升学生思维品质，通过深度的分析和探讨，旨在理解学生思维品质的复杂性，并制定出教师在课堂中有效提问的理论模式，即课堂提问 3P 模式，以解决现有研究中的理论空白。绪论详细探讨了研究背景、研究意义等。第一章文献综述深入探讨了“思维品质”“课堂提问”及二者之间的关系。通过详尽的文献回顾，该章揭示了该领域的国内外研究动态和目前研究的不足，为本研究的问题设定和方法设计提供了基础。第二章研究设计，明确了研究问题、假设，并详细介绍了研究对象、工具等。第三章解读了课堂提问 3P 模式对学生思维品质发展的影响、3P 模式新手型教师与熟手型教师运用效果比较，以及新手型教师与熟手型教师 3P 模式效果差异分析，为进一步的讨论提供了依据。第四章深入探讨了课堂提问 3P 模式影响学生思维品质发展的因素。第五章提出了课堂提问 3P 模式提升小学生思维品质的路径。第六章结论，总结了本研究的主要发现，并指出了研究的不足和对未来的展望。

第一章 文献综述

本章主要围绕“思维品质”“课堂提问”“课堂提问促进思维品质发展”这三个主题进行文献综述，梳理国内外研究动态。首先，对小学英语教育中思维品质的研究现状及新课标中对学生思维品质的阐述进行全面梳理，把握其整体概貌。其次，对小学英语教师课堂提问的内涵、提问的类型、提问的策略等加以定义、分析，并详细论述新手型教师和熟手型教师课堂提问的相关研究。再次，对小学英语教师课堂提问和学生思维品质的相关性进行重点描述，着重阐述课堂提问 3P 模式对思维品质发展的促进作用。最后，对国内外已有研究进行述评和总结，发现这些研究的不足之处，为本研究奠定基础。

一、小学英语教育中的思维品质培养

1. 小学英语教育中的思维品质的定义

思维品质是一个复杂且多元的概念，国内外研究者从不同视角对思维品质的内涵和外延进行了探索。国内学者中，林崇德将思维品质视为发展心理学中的一个概念，它专指个体在思维活动中所表现出的智力特征，包括逻辑性、创新性、批判性等方面，这些特征因个体遵循一般规律而呈现出个性差异。同时，他进一步强调思维在教学中的核心地位，将其视为课堂教学中师生最主要和本质的活动，并主张将思维训练置于教学活动的首位。① 兰春寿在此基础上，将思维品质视作个体思维能力的外在表现，强调思维品质在衡量思维发展程度方面的重要性。这一观点较为明确，将思维品质与个体思维能力紧密联系，对研究学生的思维

① 林崇德．发展心理学［M］．3 版．北京：人民教育出版社，2018.

能力发展具有重要的指导价值。[①] 总之，国内研究者对思维品质的定义有一定的相似之处，他们普遍将其视为个体在思维活动中所表现出的智力特征，又进一步将其分解为逻辑、创新、批判等品质维度。

国外相关研究大体历经了从个体的思维过程，到认知发展的阶段，再到社会文化环境的影响，逐步展示了学界对思维品质概念理解的深度和宽度。杜威主要关注个体的思维过程，认为思维品质是一种解决问题的能力，教育是提高思维品质的关键途径；同时他还强调反思的重要性，认为反思是人们理解和解决问题的关键。[②] 皮亚杰将思维品质视为个体的认知发展过程，提出感觉运动阶段、前运算阶段、具体运算阶段和形式运算阶段四阶段理论。他强调随着年龄的增长，儿童的思维品质会逐渐发展和完善，这也是一个自然的、阶段性的过程，而这个过程主要受到个体的生理发展和认知能力的影响。[③] 维果茨基强调了社会文化环境对思维品质的影响，认为思维品质的发展是通过与他人的互动和社会文化环境的影响而形成、发展的。由此可见，国外研究者倾向于从个体思维发展过程、认知发展阶段及社会文化环境等角度探讨对思维品质的发展和影响。[④]

聚焦到英语学科对思维品质的培养，诸多政策已显示其重要性。譬如，《普通高中英语课程标准（2017 年版）》将思维品质定义为在逻辑性、批判性、创新性等方面所表现的能力和水平，其在关于思维品质培养和因材施教方面的内容，更契合小学阶段学生的认知发展特点和教学实际。但考虑到小学生思维发展的特点、课堂教学现状及思维品质发展需求，本研究将采纳《课标 2022》对思维品质的定义，具体原因如下。首先，小学阶段是学生思维品质培养的关键时期，他们的认知能力正在快速发展，逐渐从具体操作转向抽象思维。在这个阶段，学生既需要理解和记忆知识，也需要培养分析、比较、推断、批判等更高级别的思维

---

① 兰春寿．英语课堂教学目标设定与思维品质培养［J］．课程·教材·教法，2019，39（9）：107-113.

② Dewey，J. *How We Think*［M］. Boston：D. C. Heath，1910：89.

③ Piaget，J. *The Origins of Intelligence in Children*［M］. New York：International Universities Press，1952.

④ Vygotsky，L. S. *Mind in Society：The Development of Higher Psychological Processes*［M］. Cambridge：Harvard University Press，1978.

技能。基于这一特征，《课标 2022》强调了理解、分析、比较、推断、批判、评价、创造等多层次的思维能力，这与小学生思维发展的需求和特点相契合。其次，小学课堂情况与教学现状均强调了学生的思维个性特征，每个学生的思维方式、思维速度和思维深度都有所不同。《课标 2022》将思维品质视为“人的思维个性特征”，这有助于教师根据每个学生的个性特征进行教学，尊重和满足他们的个体差异。再次，《课标 2022》紧扣小学教学目标，关注学生在发现问题、分析问题和解决问题过程中的思维运用，更贴近小学生日常学习和生活实际，有助于提升他们的实际问题解决能力。此外，《课标 2022》对英语学科思维品质的定义更为聚焦，既强调了思维的本质特征，又强调了思维表现水平，并且在总目标的基础上对各个学段的教学目标进行了具体化，即建议 3—4 年级学生应该达到一级目标，5—6 年级学生应该达到二级目标，从低学段到高学段之间的思维品质达成目标之间具有顺序性和阶段性。其中，思维品质的 3—6 学段目标见表 1-1。

表 1-1 思维品质学段目标（3—6 学段）

表现	3—4 年级/一级	5—6 年级/二级
观察与辨析	① 能通过对图片、具体现象和事物的观察获取信息，了解不同事物的特点，辅助对语篇意义的理解；② 能注意到不同的人看待问题是有差异的；③ 能从不同的视角看待人和事物	① 能对习得的信息进行分类对比，以此获得对信息更深入的理解；② 能对语篇中的各类信息进行比较并做出正确的价值判断；③ 能辩证地看待事情，并从不同角度出发进行换位思考
归纳与推断	① 能根据图片或关键词，归纳语篇的重要信息；② 能就语篇信息或观点初步形成自己的想法和观点；③ 能根据标题、图片、语篇信息或个人经验等进行预测	① 能辨析、提取和归纳语篇中的主要信息、主题和意义；② 能对语篇中的含义、观点进行合乎正确价值观的判断；③ 能依据语篇中的信息推断出作者的态度倾向和想法
批判与创新	① 能根据个人经历对语篇内容、人物或事件等表达自己的喜恶；② 初步具有问题意识，知晓一问可有多解	① 能根据作者的意图、想法和他人进行交流、说明理由；② 能依据语篇内容进行简单的改写和续写；③ 能初步具有独立的问题意识并进行独立思考

2. 小学英语教育中的思维品质构成要素

《课标 2022》重新定义了思维的六个要素（图 1-1），要求学生围绕这些要素展开学习，促进核心素养在整个义务教育过程中的发展。

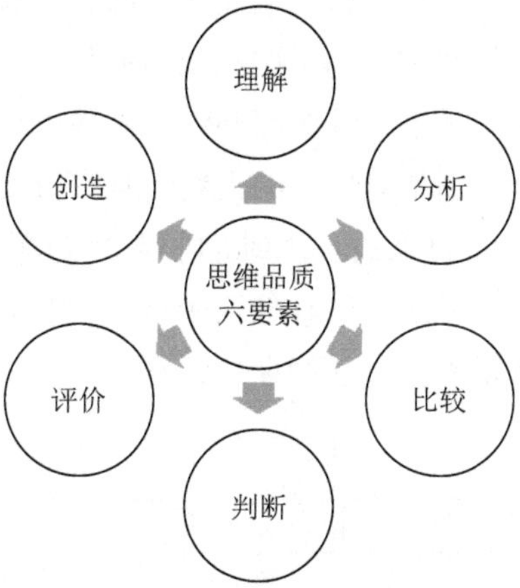

图 1-1　《课标 2022》中的思维品质六要素

《课标 2022》明确指出，在思维品质的概念界定和目标中，要提升学生在理解、分析、比较、判断、评价、创造方面的水平。它强调学生在语言学习中发展思维，在思维发展中推进语言学习；初步从多角度观察和认识世界，以有理有据、有条理的方式表达观点；逐步发展逻辑思维、辩证思维和创新思维，使思维具有一定的敏捷性、灵活性、创造性、批判性和深刻性。思维品质的六要素相互联系，密不可分。《课标 2022》充分吸收了理论研究成果和一线教师的教学经验，将内涵丰富的语篇作为教学载体，倡导高阶思维方法，如理解、分析、比较、判断、评价、创造。同时，它明确将思维品质作为课程目标的重要组成部分，突出了思维要素的重要性。从根本上说，《课标 2022》将英语语言视为科学文化知识的载体和中介，促使学生在探究主题意义的过程中实现语言和思维的双重提升。① 这一观点与杜威的主张相吻合，即教育应该使语言成为培养学生理智的工具，使语言逐步变成教育过程中有意识、有

① 约翰·杜威．我们怎样思维·经验与教育［M］．姜文闵，译．北京：人民教育出版社，1991.

目的传播观念、教授知识、更新思维的工具。

3. 新义务教育课标对思维品质的维度划分及其内在关系

《课标 2022》对思维品质进行了维度划分，将其外延定义为深刻性、敏捷性、灵活性、批判性和创造性五个部分。这一划分可以追溯到林崇德对思维品质的概念界定（图 1-2），他认为思维品质的五个维度密不可分，相互关联，其中思维的深刻性是其他思维品质的基础，对其他品质有重要影响，特别是对思维的批判性具有重要的作用，因为思维批判性是由深刻性发展而来的；思维的创造性与思维的灵活性相互交织；思维的敏捷性则是思维品质其他四个维度的体现。① 尽管思维品质的五个维度之间联系紧密，但它们存在区别。

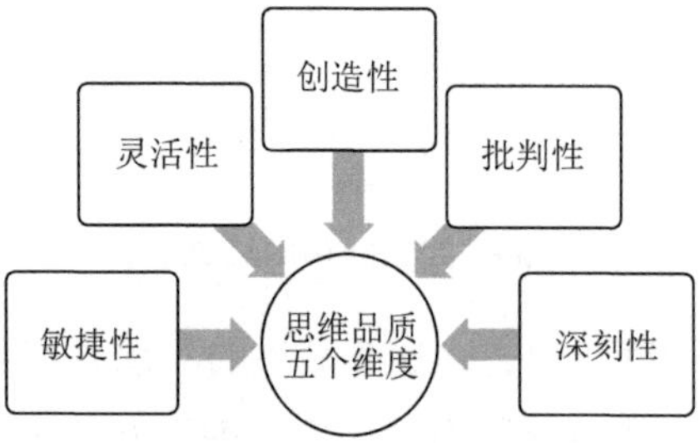

图 1-2 思维品质五个维度的具体内容

一是思维敏捷性。在探讨思考速度与准确度时，我们可以参考林崇德的研究成果，其中强调了思维敏捷性的重要性。思维的快速反应和精确判断，在个人的思维品质塑造与进步过程中扮演着基础且核心的角色。此外，思维的敏捷性不仅是推动思维品质其他维度发展的基石，同时也体现为思维在这些维度上的明显特征。由此可见，一个人的思维敏捷性直接关联到思维品质在其他维度上的优劣，从而成为评估思维品质不同维度发展水平的有效工具。

二是思维深刻性与思维批判性。思维深刻性与批判性之间相互关联。根据林崇德的研究，深度思考为基础层次，批判性思维则构建在此之上，形成高阶认知结构。这两种思维方式虽密切相关，却有其独特

① 林崇德．培养思维品质是发展智能的突破口［J］．国家教育行政学院学报，2005（9）：21-26，32.

性：深度思考侧重于问题的全面和深入分析，而批判性思维则强调对分析结果的评估和反思。深度思考提供了丰富的知识和理解基础，使得批判性思维能够在此基础上进行有效的判断和调整。批判性思维不仅需要对信息进行精准分析，还需要持续的自我监控和反思，以达到对复杂问题的深刻洞察。因此，培养批判性思维是提升个人认知能力的关键，它要求个体不断地审视和调整自己的思维过程，从而深化对事物本质的理解。

三是思维灵活性与思维独创性。在讨论思维灵活性与独创性时，我们发现这两种思维特质多有交叉，尤其是在迁移性和开放性上。思维灵活性强调的是个体对已有信息的全面提取能力及对问题情境的同化或顺应性迁移能力，这有助于拓宽思维的广度。而思维独创性则侧重于个体在问题表征和解决方式上的变通性和新颖性，是一种开放性思考的表现。① 尽管两者常因思维能力上的交叉特征被人们混淆，但它们对个体的思维发展和创新能力起着关键性的作用，共同促进了个体在不同情境下的适应和创新，展现了思维能力的多样性和复杂性。这种全面而深入的思维能力，是个体在现代社会中成功应对各种挑战的关键。

综上所述，思维品质五个维度的内在关系如图 1-3 所示。

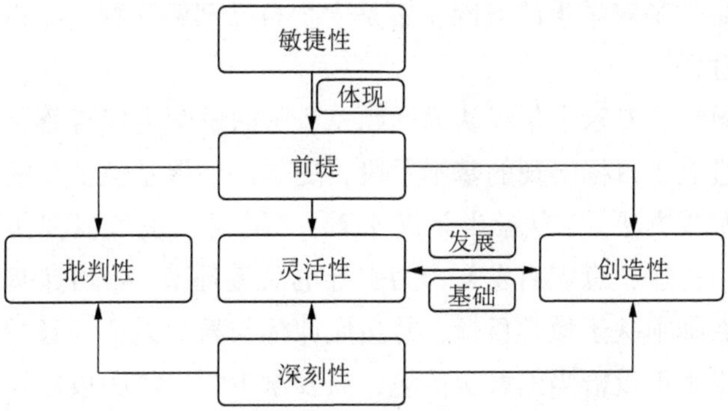

图 1-3　思维品质五个维度的内在关系图

① 牛树超，都术才．教学思维影响学生的思维发展［J］．中学语文教学，2022（12）：15-18.

二、课堂提问：内涵、类型与策略

国内外学者对课堂提问的研究主要集中在课堂提问的内涵、类型、策略等方面。

1. 课堂提问的内涵

关于“提问”或“课堂提问”这一名词的内涵界定，学界存在诸多不同的说法。例如，《现代汉语词典》认为提问是“提出某一个问题来问”。《中国大百科全书・教育》将提问定义为广泛用于教学活动中，建构学生与教师教学互动与联结的方式之一，也是教育领域中重要的教学技艺。除此之外，《简明中小学教育词典》对“课堂问题”精准聚焦，指出，它是教师基于教学目标，在课堂教学中通过提问与答疑构成的传递教学内容的教学方法。《西方教育词典》更是将提问视作一种评价手段，它既能够反映教师教学技能的基本水平，还能够透过问题引导学生逐渐逼近真实的答案，从而鼓励学生自主开展学习，培养学生更强的思考力与洞察力。在某种意义上，课堂提问背后的教育学意义更在于培养学生回应问题的能力，提高学生的认知水平，帮助学生发现问题与提出问题，从而探索问题的真实答案。由此而言，课堂教学中的“提问”不仅是教师对学生的设问，更是学生自己理解问题、分析问题和寻找答案的过程。

美国教学法专家卡尔汉认为问题是教师激发学生好奇心、引导学生学习并促进教学目标实现的基本手段，更是评估课堂教学与检验学生学习效果的基本方法。① 从学生角度来看，“提问”也可以视作课堂教学过程中知识传递、意识启发与行为引导的关键环节。② 当课堂与提问相联系时，教师须基于教学目标，并按照课标与教学设计，通过提问的方式，帮助学生创设恰当的教学情境，激发学生学习的积极性，并培养其对复杂问题与情境的思维品质，从而达到提升课堂教学效果，提高教学

---

① Cullen, R. Supportive teacher talk: The importance of the F-move [J]. *ELT Journal*, 2002 (2): 67-78.

② 金传宝. 教师如何提高发问技巧 [J]. 外国教育研究, 1998, 25 (2): 40-44.

质量的目的。① 由于课堂是教师与学生教学互动的基本场所，“提问”则成为联系二者知识与情感的基本纽带，其中合适的问题能够支持教师将预期的教学目标及其内容传递给学生，从而帮助二者建构良好的课堂教学关系。② 施良方在研究中表示，提问是师生互动、交流与沟通过程中最常使用也是最重要的手段。阎承利将“课堂提问”归纳为基于教学目的、围绕教学内容及促进师生关系的一种课堂互动活动。③ 在此意义上，提问就从一种教学手段过渡到了教学活动过程，并被视为一种培养学生思考习惯与促进教师改善教学、启迪智慧的教学探索。④ 在这种双向的互动关系中，课堂提问对于学生而言，其实指向的是学生在面对问题、回应问题及解决问题的过程中对教师提问的反馈。更有研究者基于小学英语阅读提出了学生提问的重要命题，论证了提问也可以从教师转向学生，通过反向提问促进更加良性的教学关系，这也成为诸多以问题情境为中心指导学生阅读的重要方法之一。由此而言，提问不是教师对学生的单向输出，学生也可以向教师输出，而通过双方的提问学生不仅能获得知识，也能获得表达自我的机会，从而促进师生、生生之间的互动与交流。

综上所述，研究者们针对教师课堂提问的观点基本上是一致的，认为课堂提问是教师根据教学目的与学生展开互动，实现教学目标的手段，课堂提问能够启发学生回应并鼓励学生积极思考。

2. 课堂提问的类型

纵观学界对课堂提问类型的研究，发现各类研究大多聚焦于提问的形式、方法等方面。例如，纳托尔的研究主要是基于提问的形式，将课堂提问的类型分为判断性提问、选择性提问、评价性提问。判断性提问和选择性提问相对较简单，学生只需给出答案即可，对学生的要求相对较低；而评价性提问则要求回答问题时使用相对完整的句子，在语言和

---

① 许高厚，魏济华．试论“掌握知识与发展能力统一”的教学原则［J］．许昌学院学报，1982（1）：56-58.

② 皮连生．从教育目标分类学看语文学科核心素养论［J］．课程·教材·教法，2022，42（2）：4-11.

③ 施良方．简论课程目标的三种取向［J］．课程·教材·教法，1995（6）：60-62.

④ 王晞，等．课堂教学技能［M］．福州：福建教育出版社，2008.

思维等方面对学生有较高要求。①

梳理课堂提问类型的研究成果，不难发现基础教育领域中课堂提问的分类主要基于布鲁姆的教学目标框架。布鲁姆将认知目标分为知识、理解、应用、分析、综合和评价六个层次。按照学生回答问题的难易程度，进一步把教师提出的问题分为三类。第一类问题被定义为知识和理解类问题。这类问题主要聚焦于基础知识的积累与记忆，目的是帮助学生掌握特定信息，为更深层次的学习打下基础。这种类型的问题通常不要求学生进行复杂的思考，而是着重于理解和记忆，使学生能够快速地建立起初步的知识框架。第二类问题转向应用和分析。与第一类问题相比，这类问题不仅需要学生理解和记忆，而且要求他们能够处理和分析相关信息，将新学的知识与个人经验相结合。这类问题的设计旨在培养学生的实际应用能力和分析能力，鼓励他们运用所学知识解决实际问题，从而深化对知识的理解和应用。第三类问题转向综合和评价。这类问题要求学生进行复杂的脑力劳动，不仅需要综合运用所学的知识，还要进行评价和创新性思考。这种类型的问题旨在培养学生的综合思维能力和创新能力，鼓励学生在深刻理解的基础上，进行批判性分析和创新性构建。此外，布鲁姆还从情感领域拓展了我们对提问问题的认识。在布鲁姆看来，学生对问题的反应主要包括接收、反应、价值判断、组织、特点描述五个阶段。按照不同的阶段，学生对问题的思考也分为不同的层次。具体而言，接收和反应为第一层次，即较低层次的问题，学生不需要付出太大的努力就可以回答；价值判断为第二层次的问题，需要学生认真思考；组织、特点描述为第三层次的问题，也是较高层次的问题，提问的成功与否主要取决于提问是否能激发学生形成价值观，并按照价值观行动等。

桑德士在布鲁姆教学目标的基础上，提出七类不同的问题，即记忆性问题、转换性问题、解释性问题、应用性问题、分析性问题、综合性问题和评价性问题。

从学生思维的发展角度，威伦等人将提的问题分为四个层次（图 1-4）。第一层次是低层次的综合性问题，其目的是帮助学生再现知

① Nuttall, C. *Teaching Reading Skills in a Foreign Language* [M]. London: Heinermann Education Press, 1982.

识内容，回忆和思考相关教学信息，注重对相关概念与知识的记忆和保存。第二层次是高层次的综合性问题，其目的是支持学生在记忆的基础上进行关联性思考，对教学内容进行理解与重组。第三层次是低层次的分析性问题，考查学生是否能开展批判性思考，充分思考教学内容是否正确并找到自己观点的支持依据。第四层次是高层次的分析性问题，重点评估学生的原创思维品质和高阶逻辑认知。

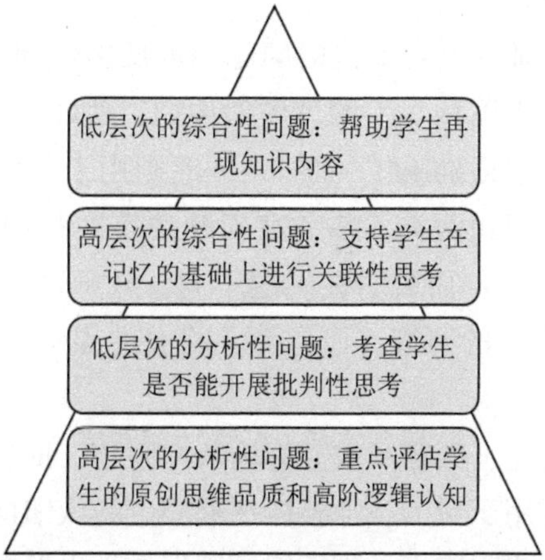

图 1-4　威伦等人划分的四个层次的问题

加拉赫与阿舍尔基于吉尔福特的智力模型，对课堂提问进行了分类研究，将问题分为五类：认知性问题、聚合性问题、扩散性问题、评价性问题和常规管理性问题。① 首先，认知性问题主要关注学生的记忆和再现能力。这类问题不要求学生进行复杂的思考或深入的分析，而是让他们回顾和重述先前学习的内容。聚合性问题则要求学生将不同的知识进行有效的分析和整合。这类问题通过引导学生采用一种相对固定和系统的思考方式，促使他们从不同的知识点中找出联系并进行综合。扩散性问题是指那些鼓励学生从多个角度思考、探索和扩展已知知识的问题。这类问题不仅要求学生理解基本概念，还促使他们将所学内容应用于新情境，激发创新性思维，并探索不同的可能性或解决方案。扩散性问题的目标是拓展学生的思维，促进他们在较为开放的框架内进行自由

① 艾伦 · C. 奥恩斯坦，费朗西斯 · P. 汉金斯 . 课程：基础、原理和问题 [M]. 柯森，译. 南京：江苏教育出版社，2002.

探索和讨论。评价性问题则是更高阶的挑战，它要求学生不仅要理解问题，分析信息，还要能够根据一定的标准进行评价。这种类型的问题有利于培养学生的批判性思维，使他们能够对信息做出独立的判断。最后，常规管理性问题主要用于确保教学过程的顺利进行，包括教师在教学管理中提出的问题，以及用于表达情感或建立师生关系的问题。这些问题虽然不直接涉及学科知识的学习，但对于营造积极的课堂氛围和促进师生互动具有重要作用。

国外学者将教师在课堂上提的问题分为反馈性问题和看法性问题。反馈性问题主要用于确认学生的理解，例如，教师会问学生："再说一遍是什么？我的答案正确吗？"看法性问题则用于获取信息，可分为展示性问题和参考性问题两类。参考性问题的答案是固定的，教师已经知道问题的确切答案；而展示性问题不同，教师通过展示性提问并不是为了得到一个明确的回答，而是为了将关注点集中在学生不同的回答上。①

根据提问的功能，问题又被分为诊断性问题、批判性问题和描述性问题。诊断性问题用于帮助教师整体把握学生的认知情况，了解他们在某一领域知识的积累程度；批判性问题则促使学生思考和建构意义；描述性问题是教师通过展示良好的提问方式来培养学生的提问能力。他强调无论是哪种类型的问题，都不应机械地按照程序提问，而应根据具体的课堂情况、学生需求、教学的不同阶段等实际情况来进行提问。课堂提问的功能在于为教师提供思路，帮助学生理解知识点，引导学生经历认知发展过程，并提示重点。他反对机械和呆板的提问方式，以及仅通过机械性提问忽视学生自我建构意义的做法。课堂提问可以通过三种方式交替进行，即根据教材设计的提问、根据教学情境设计的提问及学生提问。② 其他学者也有相似观点。他们主要关注教师的提问是否根据教学情境和学生的回答来确定。研究结果将课堂问题分为展示型问题、真实型问题和要求澄清型问题，并根据提问的功能对这三类问题进行了细

① Long, M. H. & Sato, C. J. Classroom foreigner talk discourse: Forms and functions of teachers' questions [A]. In H. Selinger & M. Long (eds.), *Classroom Oriented Research in Second Language Acquisition* [C]. Rowley, Mass.: Newbury House, 1983.

② Yang, M. Y. *A critical review of research on questioning in education: Limitations of its positivistic basis* [J]. *Asia Pacific Education Review*, 2006(2): 195-204.

分。他们通过对一位语文课教师进行持续的观察，发现他在课堂上提出的问题中展示型问题最多，其次是真实型问题和要求澄清型问题。这些问题都是基于学生的回答而提出的。

在中国的英语课堂上，教师的提问方式对学生的学习具有重要的影响。基于布鲁姆的认知目标理论，国内学者梁美珍将这些提的问题分为三种类型：展示型问题、参阅型问题和评估型问题。这种分类帮助教师更有针对性地设计问题，促进学生从记忆知识到深入理解知识、应用知识，最后到创新思考。展示型问题检验学生的知识基础，参阅型问题帮助学生深化理解，而评估型问题培养学生的批判性思维和创新思维。部分学者还依据提问的不同目的，将提的问题划分为不同的类型，譬如，邵怀领依据学生思维水平的不同，将提的问题划分为低层次问题和高层次问题两种类型。① 徐梦秋和杨松将提的问题划分为开放性问题和封闭性问题两种类型，开放性问题有着广泛的回答范围，答案是不确定的；封闭性问题要求学生在一个小范围内回答问题，答案是唯一的。②

此外，余芳和张少娟根据提问技能的类型，将提问分成七种：第一种为常规提问，即简单提问，教师以提问的方式，明确提出学习任务，要求学生做什么、怎么做；第二种为回忆型提问，要求回忆事实、概念等，为学生学习新知识提供材料；第三种为理解型提问，引发学生深入思考，通过分析、比较、综合、理解的思维过程，强化学生对知识的掌握与运用；第四种是运用型提问，教师将学生习得的知识、技能等直接迁移到新的问题情境中，让学生解决一些基础的问题；第五种是分析型提问，是教师将学习材料进行拆解，引导学生找出原因与结果之间的联系并进行推理；第六种为综合型提问，即启发学生综合思考个别的、分散的材料，激发学生的想象力或创造力；第七种为评价型提问，即要求学生对已有材料的价值进行判断、评定的提问。③

综上所述，不同学者从不同方面提出了课堂教学提问的不同类型，而差异化的提问类型背后其实指向不同学科思维品质与能力的个性化培

---

① 邵怀领．课堂提问有效性：标准、策略及观察［J］．教育科学，2009（1）：38-41.

② 徐梦秋，杨松．“开放性问题”论证：反驳与辩护［J］．厦门大学学报（哲学社会科学版），2011（2）：85-92.

③ 余芳，张少娟，提问技能在小学学科教学中的应用［M］．北京：首都师范大学出版社，2019.

养问题。但不可否认的是，任何类型的课堂提问均引导学生思维从低阶层次向高阶层次发展，并以培养学生创新思维为目标，从而促进学生有意义的学习。

在本研究中，课堂提问是指在英语课堂教学中，英语教师根据《课标 2022》中所设计的课堂学习目标，针对英语课堂学习内容及教学过程中学生的实际情况，设置一系列问题情境，要求学生思考并回答，以促进学生思维品质提升、提高英语课堂教学质量的一种教学策略。在英语课堂教学中，课堂提问通常具有思维品质的层次性、类型化特征。英语教师对课堂提问技能的掌握具有差异性特征，不同专业发展阶段的教师通常受到自身的专业发展水平的限制，具有不同的课堂提问技能。

3. 课堂提问的策略

通过整理当前国内外关于教师课堂提问策略的文献，笔者发现既有研究主要是站在前人的肩膀上归纳总结出课堂提问的策略，或者是针对某一个特定的提问策略展开更加具体和细化的研究，比如，分解策略等。

教师在课堂上使用提问策略，旨在帮助学生认识和理解问题，并引导他们找到正确的答案。雷格等国外学者通过调查研究发现，教师常常运用解释、启发、探究、引导等多种提问策略。① 雷格还开发了一个教师提问策略量表，该量表包含十个问题，涵盖从“完全同意”到“完全不同意”五个级别，并进行了评分研究。肖德龙认为，在提问的初始阶段，教师需要对问题进行解释，这有助于提高学生的口语表达能力。诺顿等人还提出了一些教师在课堂上采用的策略，如问题的顺序、问题的导向性、启发和延长等待答案的时间。② 威伦及其研究团队进行调查后，提出了九种有效的提问策略。这些策略包括问题要有指向性和启发性、问题需要清晰表述、问题的难度要与学生的发展阶段相适应、提问要有逻辑性、提问要有一定的难度、对学生的反馈回答进行追问、给予学生足够的思考时间、通过提问激发学生的积极性和主动性，以及鼓励

---

① Wragg, E. C. *Classroom Teaching Skill* [M]. New York: Nichols Publishing Company, 1984.

② Norton, D. E. *The Effective Teaching of Language Arts* [M]. Ohio: Merrill Publishing, 1989.

学生继续提出问题。①

一些国内的研究人员根据提问过程中的四个阶段（准备、提问、学生组织回答和教师反馈）对课堂提问策略进行分类。例如，王笃勤提出，教师的提问策略可分为计划策略、设计策略、控制策略和评价策略。其中，控制策略包括提问、重复和反问。② 还有其他研究者专注于对英语课堂中教师运用的具体提问策略进行研究。举例来说，胡青球等人将提问策略归纳为六大类，包括重复、追问、链接、简化、解释和分解。③ 其中，重复是教师将问题重述，以加深学生的理解；追问是当学生的回答偏离或未深入时，教师通过追问的形式激发学生思考；链接是教师用提问的方式将学生的回答连接在一起；简化是教师采用另一种简单的方式表述问题，帮助学生理解；解释是教师通过引入其他知识或背景信息来解释问题；分解是将一个复杂的问题拆分为几个小问题，使学生更容易理解和回答。

在众多课堂教师提问的策略中，有部分学者聚焦某一具体的策略进行更详细的研究。以罗维的研究为例，他引入了一个名为“等待时间”的教学策略，该策略涵盖了两个重要的维度。其核心在于，教师在提问之后，将留出一段时间供学生思考并回答。当学生初次回答后，教师会保持安静，给予学生时间来补充答案。④ 根据连续的课堂观察，罗维发现，学生的课堂积极性和参与度与教师给予学生的等待时间是密切相关的。类似地，托宾的研究证明，适当延长一点等待时间可以有效帮助学生提高口语表达能力，由此可以看出一线教师在教学过程中要给予学生更多的思考时间。此外，胡彩霞等国内学者的研究也证实了给予学生适度等待时间的重要性，当教师在教学过程中与学生互动并提出问题时，需要给学生一些反应和思考的时间。⑤ 除此之外，有学者对其他具体的提问策略进行研究，例如，曹望如通过实例阐述教师是如何将大问题拆

---

① 高俊明．初中化学教师课堂提问有效性的表征及应用研究［D］．长春：东北师范大学，2018.

② 王笃勤．英语教学策略论［M］．北京：外语教学与研究出版社，2002.

③ 胡青球，埃德·尼可森，陈炜．大学英语教师课堂提问模式调查分析［J］．外语界，2004（6）：22-27.

④ Rowe, M. B. Pausing phenomenon: Influence on the quality of instruction［J］. *Journal of Psycholinguistics Research*, 1974: 78.

⑤ 胡彩霞．英语课堂的“真假”冷场［J］．教学与管理，2018（3）：89-91.

分为一个个小问题，这一策略有助于提升学生回答的积极性和主动性。①

三、课堂提问促进学生思维品质发展

1. 课堂提问与学生思维品质

国外早期关于“课堂提问”与“学生思维品质”二者之间的研究大多倾向于问题教学对学生思维品质的作用。例如，杜威在《思维与教学》中强调了教育过程的核心目标是培养学生的思考习惯。他认为，学习的本质是培养思考能力，强调唤醒和发展儿童思维能力的重要性。他认为，激发和培养儿童的思维能力是学校教育最重要的任务，采用问题教学的方式能够帮助学生培养思维能力和思维习惯。美国心理学家布鲁纳提出了发现式学习，旨在促使学生通过个体探索习得相关的知识和技能，学会独立处理问题，在积极主动的思维中认识、理解并掌握相关的学科知识，培养学生的独立思考能力、自主学习能力及探索思维能力②。

到 20 世纪 60 年代末，基于问题的学习（Problem-based Learning，PBL）诞生并逐渐兴起，该学习方式主要强调培养学生应用知识解决复杂和现实问题的能力，帮助学生发展高阶思维、养成自我导向的学习能力。最早提出 PBL 模式的是美国南伊利诺大学教授巴罗斯，他在医院任教时发现，学生参加临床实习后，相比于以前单纯的死记硬背，更不容易遗忘知识，于是他提出了两个假设：① 以记忆为基础的学习效果不及问题情境中的学习效果；② 要掌握解决问题的能力而非单纯记忆知识。③ 琳达和莎拉认为，PBL 指让学生在真实的问题情境中进行学习，将理论与实际相结合，培养学生学习兴趣和主动性的同时构建起知识框架。④ 根据伍兹的观点，PBL 是一种以问题为核心的学习环境。在这种环境下，学生在学习知识之前先面临一个问题，以便他们意识到在

---

① 高俊明．初中化学教师课堂提问有效性的表征及应用研究［D］．长春：东北师范大学，2018.

② 布鲁纳．布鲁纳教育论著选［M］．邵瑞珍，等，译．北京：人民教育出版社，2018.

③ Barrows，H. S. & Tamblyn，R. B. *Problem-Based Learning*：*An Approach to Medical Education*［M］. New York：Springer Press，1980.

④ Linda，Torp & Sara，Saga. Students perception of an industry based approach problem-based learning（PBL）and their performance in drug delivery courses［J］. *Saudi Pharmaceutical Journal*，2018(2)：274-282.

解决问题之前需要掌握一些必要的知识。①

之后的研究者们开始进入教师课堂提问与启发学生思维品质、锻炼学生思维能力之间的关系研究领域。经过长期的研究，美国教学法专家卡尔汉认为，在课堂教学中，课堂提问是教师快速实现教学目标的有效工具。同时，通过提问能够更好地引导学生进行发散性思考，并在学习过程中进行持续的思考、想象和探索。② 著名教育学家布鲁姆将认知水平分为记忆、理解、运用、分析、评价、综合六个层次，这项研究充分论述了提问与思维品质之间的关系，即课堂提问方式能够显著提升学生的思维品质。随后，斯腾伯格等在思维三元理论框架中，尝试以此为基础，构建独立思维品质与思考能力的培养路径，这其实涉及教师如何通过课堂提问对学生思维能力产生影响，其中，研究表明教师对问题的反应水平越高，对儿童的智力发展就越有帮助。③ 哈尔莫认为教师只有不断对学生进行提问，才能激发学生的追问意识，继而培养出优秀的思维逻辑。④ 因此，教师在真实的教学过程中应将教学问题具体化与情境化，通过富有探究性的问题设计，支持学生全面理解问题情境，继而激发学生的怀疑态度，从而培养他们良好的求异思维和创新能力。譬如，安德森和克拉斯瓦将教师提问与学生的思维品质联系起来，并提出二者之间的对应关系（表 1-2）。

表 1-2　提问类型与思维品质的对应关系

提问类型	对应的思维品质
记忆类问题	敏捷性
理解类问题	敏捷性、灵活性
运用类问题	敏捷性、灵活性
分析类问题	敏捷性、灵活性、深刻性

① Donald, R. Woods. Promoting problem-based learning (PBL) in nursing education: A Malaysian experience [J]. *Nurse Education in Practice*, 2005, 5(5): 34-36.

② Cullen, R. Supportive teacher talk: The importance of the F-move [J]. *ELT Journal*, 2002 (2): 67-69.

③ 斯腾伯格，史渥林．思维教学：培养聪明的学习者［M］．赵海燕，译．北京：中国轻工业出版社，2001.

④ 荣亮．基于深度学习的智慧课堂交互活动设计研究［J］．职业技术，2023，22（10）：75-81.

续表

提问类型	对应的思维品质
评价类问题	敏捷性、灵活性、深刻性、批判性
综合类问题	敏捷性、灵活性、深刻性、批判性、创造性

在国内，关于课堂提问方式和学生思维品质培养的研究也有较为丰富的成果。其中，魏仁洪认为，引申问题与盲点问题可以培养学生思维品质的严密性，而转换课堂中的问题可以进一步提升学生的思维灵活性，并促使问题之间进行联系，从而开阔学生的思维。除此之外，辨析问题也是提升学生思维逻辑的重要环节，而通过猜想问题可以打开思维与创新想象。① 当然，课堂提问的主要功能是彻底激活学生的思维。对此，李颖提出了一种新的教学方法，通过设疑来培养学生的高阶思维能力。在阅读之前，教师通过设置问题导入课堂教学目标，促使学生围绕问题展开头脑风暴，从而培养他们的创新想象能力与发散思考能力。随后，教师可以利用标题、插图等其他形式或素材设置问题，进一步发展学生的分析能力。在提升学生阅读技能方面，阅读活动期间，教师可以采用连贯的、探索性的问题，促进学生的综合能力、归纳能力及批判性思维能力的发展。在这一过程中，教师能够通过设立开放式的讨论和质疑环节，激励学生勇于展现自我，并提出富有创意与探索精神的观点。② 学者李晶提出了一种通过提问训练学生思维品质的方法，她指出，在教师的课堂提问中，应该从浅入深，根据文本阅读环节设计记忆类问题和理解类问题，帮助学生理解文本的语言和内容。与此同时，教师还要通过分析类问题培养学生的推断能力与逻辑思维能力。在阅读后的环节中，教师应该结合教学目标，设计评价类问题和创新类问题，提升学生的思维水平、迁移和创新能力。值得注意的是，教学提问应注重高阶与低阶相结合，达到最近发展区。③

综观国内外教师课堂提问对学生思维品质发展的价值的相关文献，可以看出，学者们高度认可教师提问在学生思维品质培养方面的重要作用。

---

① 魏仁洪. 灵活运用提问技巧　培养学生思维品质［J］. 中学数学，2000（1）：6-8.

② 李颖. 英语阅读教学中以有效设疑发展高阶思维的探索［J］. 教学月刊（中学版），2017（4）：57-60.

③ 李晶. 从英语课堂教师提问入手培养学生思维品质［J］. 中国教育学刊，2019（A1）：110-112.

2. 课堂提问 3P 模式与学生思维品质

（1）课堂提问 3P 模式的由来

沃尔什和萨特斯提出的课堂提问 6P 模式（Prepare the Question、Present the Question、Promote Student Thinking、Process Student Responses、Polish Questioning Practices、Partner with Students，即准备问题、提出问题、促进思考、处理回应、打磨实践、师生协同），为教师提供了一个全方位的框架，以确保提问过程的有效性和问题的深度（图 1-5）。然而，针对不同的教育环境和学科特性，这一模式需要适当的调整以适应特定的教学情境。因此，本研究在中国小学英语课堂的背景下，基于 6P 模式，提出了 3P 模式（Prepare Questions、Present Questions、Process Responses）（图 1-6）。

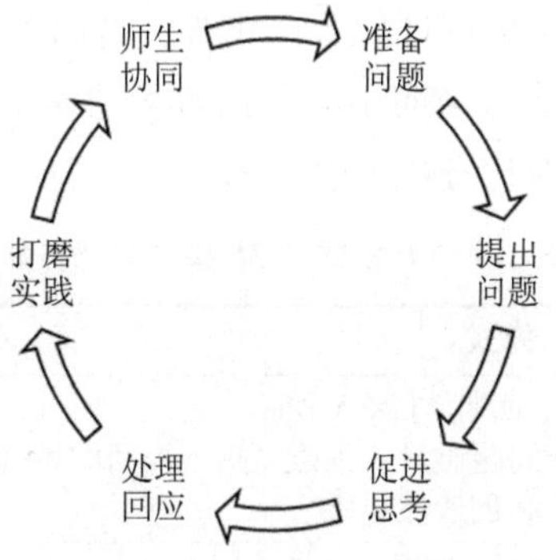

图 1-5 沃尔什和萨特斯的课堂提问 6P 模式

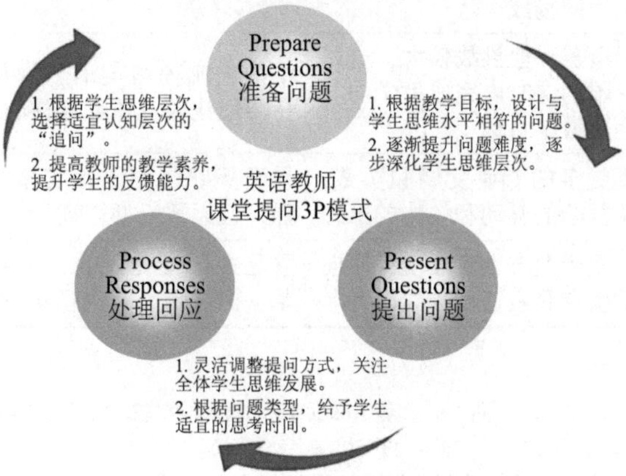

图 1-6 课堂提问 3P 模式

具体而言，在准备问题阶段，教师需要根据教学目标与学生思维水平设计问题，并逐渐从低阶上升至高阶，从而提高学生的思维层次。① 在提出问题阶段，教师应该站在更为全局的角度关注学生的整体思维品质，并基于学生思维变化调整课堂提问方式，但值得注意的是，教师需要在此阶段给予学生充分的思考与探索时间，帮助学生在从低阶到高阶思维转换中实现个体的最近发展区。② 在处理回应阶段，教师应基于学生的思维品质进行与之匹配的问题追问，譬如，通过启发式教学，选择适宜学生认知水平的问题，这样既能够提高教师的教学素养，也能够提升学生的反馈能力。总体而言，3P 模式其实更符合中国英语课堂教学的特点，也有利于帮助教师与学生实现教学相长。从 6P 模式向 3P 模式的转变，不是简化步骤，而是经过对目标指向性、构成要素、新课标契合度、实施难度和文化适应性这五个维度的深入分析与综合考量。这一转型涉及对原始框架的深度融合和精练，目的是提升教师提问的效率和实效，确保教学模式与当前小学英语教育要求和学生需求更加契合。6P 模式与 3P 模式的对比分析见表 1-3。

表 1-3　6P 模式与 3P 模式对比分析

比较维度	6P 模式	3P 模式
目标指向性	侧重问题的全面性与深入挖掘，旨在提升问题质量，促进学生的批判性和创造性思维	侧重提问的精确性、效率与实用性
构成要素	由准备问题、提出问题、促进思考、处理回应、打磨实践与师生协同构成	由准备问题、提出问题、处理回应构成
新课标契合度	全面覆盖，但挑战较大，难以在有限的课时内完成教学内容和达成教学目标	结构化流程与英语新课标相契合，支持层级化课程体系和核心素养培养
实施难度	需要更多的专业发展和实践，涉及复杂的互动和技能的磨练	易于基础教育课程实施，教师适应性强，且无需长期培训
文化适应性	更适用于西方教育环境，倾向于学生自我表达和独立思考	立足中国文化背景，适用于新课标改革，促进师生有效互动与实现教学融合

---

① 黄发良，杨倩，闭应洲，等．基于深度学习的教师课堂提问方式［J］．福建师范大学学报（自然科学版），2022，38（5）：43-50.

② 陈亚平．教师提问与学习者批判性思维能力的培养［J］．外语与外语教学，2016（2）：87-96，146-147.

第一，在目标指向性方面，6P 模式强调问题的全面性和深入探究，旨在通过细致的分阶段提问过程，提升问题的质量，并促进学生的批判性与创造性思维。① 此模式倡导教师与学生之间的互动和沟通。相较之下，3P 模式侧重于提问的精确性、效率与实用性，其设计更契合中国中小学课堂实施和节奏特点，通过课堂提问，推进课程教学目标的实现。该模式旨在通过精心设计的问题和策略性的提问时机，结合高效的学生回应处理机制，确保在有限时间内的教学质量和学习效果。除此之外，在提高提问效率的同时，保留问题的深度和延展性，助推学生的认知发展和高阶思维提升。因此，在中国小学英语课堂教学中，3P 模式更易被教师运用于课堂教学。值得关注的是，鉴于基础教育课堂教学灵活性和个性化程度日益提高，3P 模式能为教师在各种非传统教学情境中（如在线教学、混合式教学等）提供优势且留有充分的发挥空间，使他们能够高效地运用提问策略，从而在不断发展的教育领域中保持教学方法的前瞻性和适应性。

第二，在构成要素方面，6P 模式旨在通过从问题的设计到引导学生探究等一系列复杂的提问互动步骤，切实提高课堂教学的问题质量，从而促进学生的认知发展。② 若将这一模式置于中国中小学英语课堂情境予以分析，这无疑对教师的教学技能和时间管理提出了较高的要求，特别是在大班额教学且课堂管理任务繁重的情况下，中小学教师难以有效运用 6P 模式，也难以精细化组织和实施庞杂的课程内容与教学体系。③ 甚至在需要处理广泛课程内容和达成既定学习目标的情况下，实施 6P 模式的教师还会有额外的压力。相较而言，3P 模式通过精简提问步骤、简化提问过程，从而减少教师的教学准备工作，摆脱课堂实施困境。这种精简的方法不仅适用于当前课程进度快、时间规划紧凑的课堂，还允许教师在无须额外培训的情况下快速集成有效的提问策略。

第三，在与新课标契合度方面，6P 模式虽然更为综合、全面，但

---

① 周宏瑞．基于 QUILT 框架的线上初级综合课课堂提问应用研究［D］．沈阳：沈阳大学，2022.

② Davoudi, M. & Sadeghi, N. A. A systematic review of research on questioning as a high-level cognitive strategy［J］. *English Language Teaching*, 2015, 8（10）: 76-90.

③ 周俊晓．“双减”背景下中小学教师工作负担的问题分析及对策研究［D］．金华：浙江师范大学，2022.

由于其复杂的实施过程，教师可能会发现在有限的课时内难以覆盖所有的教学内容，实施所有的提问策略。相比之下，3P 模式虽然简化了提问流程，但能够较好地兼容新课标的具体要求。一方面，3P 模式仍具有结构化和步骤清晰的特点，这有助于实现新课标对核心素养目标的实现，包括语言能力、文化意识、思维品质和学习能力等方面的具体目标，① 且能够通过三个密切衔接的步骤帮助学生逐步提升这些核心素养。在准备问题阶段，教师可以引入新的语言知识和文化元素；在提出问题阶段，教师可以让学生有机会通过各种活动来加深理解和运用所学知识；在处理回应阶段，教师可以鼓励学生创造性地使用语言，从而提升他们的思维品质和学习能力。另一方面，新课标所鼓励的层级化课程结构与 3P 模式的教学阶段能够紧密衔接，从而确保学生能够系统性地提升语言技能。对英语学习处于初级阶段的学生，这一模式可以针对基础词汇和语法结构进行呈现，通过实践帮助学生掌握基本技能，并在产出阶段鼓励学生进行简单的交流。对于英语学习处于高级阶段的学生，该模式则引入更高阶的语言现象和交际技能，推动学生在产出阶段完成复杂的语言任务，以此实现新课标下学生能力的分层培养和综合提升。

第四，在实施难度方面，实施 6P 模式可能需要为教师提供更多的培训和实践。由于 6P 模式涉及多个阶段的复杂互动，教师不仅要投入大量时间进行专业化学习，还要在课堂实践中不断磨炼相关提问技能。反观 3P 模式，其凭借简洁性与可操作性，更容易被教师接受、实施与推广。这种简化的模式不需要复杂的前期准备和长期的培训，即使在那些专业发展资源有限的学校，教师也能够快速上手并有效地运用。这种易于实施的特性使 3P 模式在全国中小学课堂的普及度和接受度更高。

第五，在文化适应性方面，6P 模式可能更加适用于西方教育环境。当前，西式基础教育为小班额教学，倾向于促进学生的自我表达和独立思考，这与 6P 模式中促进学生思考和批判性分析的阶段相契合。相比而言，3P 模式与中国课堂教学文化更能兼容。一方面，当前中国基础教育的班级授课制崇尚教师主导和内容驱动的教学方式，往往导致学生

---

① 王莹. 贯彻英语新课标 加强中学生英语语感的培养［J］. 中国教育学刊，2006（9）：38-39，46.

处于被动的地位，难以兼顾个性化学习需求①，也难以充分响应开放式的提问并进行主动探究，这使得6P模式中的“促进思考”阶段在国内课堂教学应用中面临一定的挑战。另一方面，“打磨实践”阶段要求教师不断反思和优化提问策略②，而常规的专业发展支持通常关注提高知识传递的效率和目标达成，这样一来，就可能导致二者之间的不兼容。因此，面对学生的学习需求，教师在发展和调整这些提问技巧时可能会受到一定限制。此外，6P模式中的师生协同阶段也会在国内课堂教学中遇到一些挑战，导致教师与学生之间的持续互动难以为继。相较之下，3P模式中的处理回应阶段则采取了一种不同的方法，它将教师对学生回答的处理、实践环节的完善及师生间的互动置于更加综合的环节中，教师为学生提供更具指导性的反馈。这样不仅鼓励学生的积极参与，维护课堂的秩序，也贴近中国学生的学习习惯和文化预期。

考虑到这些方面，3P模式沿袭了6P模式中的准备问题、提出问题阶段，并做出了一些改变，将处理回应、打磨实践和师生协同三个步骤融合为一个环节，即“处理问题”。

（2）课堂提问3P模式促进思维品质发展

国外的研究主要关注学生思维品质与教师提问的三个方面：运用实证研究方法来探讨教师课堂提问与学生思维品质和学业表现之间的关系；研究课堂中师生互动和教师话语结构对学生思维品质的培养效果；研究优质提问教学法对学生思维品质的影响。

其一，国外学者运用实证研究方法探讨课堂提问与学生思维发展和学业表现之间的关系。通过查阅文献发现，国外学者尝试提出问题的特定方面，比如，问题的不同种类，这些方面如何影响学生的思维品质和学术成就。特别是他们探讨了高层次认知问题相较于低层次认知问题，是否能更有效地促进学生的思维品质提升，以及是否能够提高学生的学术成果。不幸的是，研究结果并未呈现一致性，有时候甚至出现了对立的观点。高尔对众多实证研究文献进行综述分析，发现部分研究者认为

---

① 赵丽敏．对“教师主导作用”实践、缘起的考察与思考［J］．当代教育科学，2003（1）：23-25.

② 宁宁，李皓宇．优质提问法在应用型高校的教学策略研究：基于“6P”框架［J］．大学，2021（11）：119-121.

经验型问题和事实型问题有效，而其他研究者则认为评价型问题更有效，高尔总结出这三类问题应结合学生的学段进行区别，事实性问题更加适合低年级的学生，有助于学生学习基础知识；而难度更大的评价型问题更适合针对高年级的学生，有助于培养学生的自主学习能力。①

其二，研究课堂中师生互动和教师话语结构对学生思维品质的培养效果。20 世纪 70 年代，学者米恩开创性地分析了课堂交互模式，他是第一个深入探讨教师启发式提问、学生应答、教师反馈这一连贯对话流程的人，这一流程后被称为 IRE 模型。具体而言，米恩细分了课堂中教师提问的四种方式：选择型、执行型、思考型和元认知型。他认为，思维型和元认知型的教师提问方式可以有效促进学生思维品质的发展。②根据辛克莱和库尔特哈德的观点，教师的话语提问对学生思维品质的发展可能产生不同的影响。教师的话语不仅起到评价的作用，还可以激发学生积极主动地回应，并在学生的反馈之间建立联系。因此，他们将教师课堂话语模式总结为 IRF 模式，即“起始话步—应答话步—反馈或跟进话步”。③ 通过研究发现，教师提问的反馈和师生之间的话语互动存在 IRE 模式和 IRF 模式，二者的区别在于，IRE 模式是教师先进行提问，根据学生的回应情况，教师再给予适当的提示；IRF 模式是在师生进行一回合的提问与回答之后，教师再追问，给学生以适当的话语反馈，促进学生的思维品质发展。④

其三，研究优质提问教学法对学生思维品质的影响。美国学者沃尔什和萨特斯在其著作《优质提问教学法：让每个学生都参与其中》中提出 QUILT 模型，该模型又被称为“优质提问教学法”，指的是采用提问和理解的方式帮助学生学习和思考的专业发展框架。沃尔什和萨特斯

---

① Gall, M. D. What effect do teachers' questions have on students? [R]. New Orleans: American Education Research Association, 1973: 23.

② Milne. Supportive teacher talk: The importance of F-move [J]. *ELT Journal*, 2002(3): 117-127.

③ 黄山. IRF 课堂话语结构刍议：发现、争论与再思考 [J]. 全球教育展望, 2018(5): 15-24.

④ Chin, C. Classroom interaction in science: Teacher questioning and feedback to students' responses [J]. *International Journal of Science Education*, 2006 (11): 1315-1346.

认为，优质提问是对优质问题的呈现，聚焦促进学生思考、学习的过程。① 其提出的 QUILT 模型主要包括构建问题、参与回答、联系思考、教师反馈、对提问的反思五个阶段，这一模型聚焦课堂教学中“提问—反馈—反思”的全过程，以此让教师掌握科学、高效的提问技巧，发展学生的思维品质。

在课堂提问 3P 模式中，教师需要处理好准备问题、提出问题及处理回应三个阶段。其中，准备问题阶段教师需要做好备教材、备学生及备问题；提出问题阶段需要运用好叫答方式，留出适当的候答时间；处理回应阶段需要把握合理的理答、追问等方式。通过实施准备问题、提出问题和处理回应的课堂提问 3P 模式，有助于教师积极引导学生的思维发展，培养学生的批判性思维、创新能力、自主学习能力等。鉴于此，教师在课堂教学实践中可以灵活运用这一模式，从而促进学生的思维品质发展。国内外研究者针对准备问题、提出问题和处理回应进行了如下探讨。

1. 准备问题阶段

教师在准备问题阶段的主要工作是备好课，在此过程中充分了解教材，解读教材，熟悉学情，分析教学目标和教学重难点，并预先设置符合学情的问题。国内研究者关于该问题的研究主要聚焦在两个方面，一是强调问题准备阶段中备教材、备学生及备课堂提问的重要性；二是通过课堂观察或实证研究探究教师课前问题准备阶段工作的问题。有研究者认为提问是教学的基本途径之一，备课环节的问题准备工作对教师课堂提问的重要性不言而喻，教师应该将教材的解读与学生实际生活联系起来，在了解学生已有的知识和经验的基础之上来设计问题，这样设计出来的问题在真实的课堂提问中才能取得良好的效果。② 部分学者发现当前教师对准备问题阶段的重要性认识是不足的，通过备教材和备学生来完善课堂提问的意识也比较薄弱，教师对准备问题阶段的漠视主要表

---

① 沃尔什，萨特斯．优质提问教学法：让每个学生都参与其中［M］．刘彦，译．北京：中国轻工业出版社，2009.

② 钱兵，张典兵．课堂提问观察指标体系的建构［J］．教学与管理，2018（13）：35-38.

现在对备教材和备学生的认识不足及准备形式的单一等方面。为了使教师在课堂中真正做到有效提问，并促进学生思维品质的良好发展，教师需要对课堂提问准备环节的重要性有清晰而全面的认知，在理解相关知识的基础上，教师还需要认真考虑课堂和学生的实际情况，设计有质量的问题，以实现高质量的问题准备。①

2. 提出问题阶段

提出问题阶段的构成不仅包括提问本身，还涵盖了叫答和候答这两个关键的组成部分。② 在提问过程中，这三个环节紧密相连，相互促进，共同丰富了学生的学习体验。首先，提出问题阶段要求教师精心设计问题，以确保有显著的教学效果。因此，在这一阶段，问题的有效性是核心考量。王立群基于经验驱动的评价标准认为，评价课堂提问的有效性应从五个功能角度来考量，包括减轻学生学习压力、促进知识理解、培养技能、提升综合能力及优化考核与教学的衔接。③ 而有学者则提出了一个详尽的有效提问评价体系，该体系由六个一级维度指标构成，覆盖了课堂提问的全过程，从预设到反思。这些维度具体如下：课堂提问预设、提问方式、提问内容、教师的即时回应、提问效果及课后反思。为了深入评估提问的有效性，他们还定义了 13 个二级要素和 39 个三级表现指标，从而确保了一个全面而细致的评价和改进框架。④

然后是叫答环节，这时教师需要根据问题的难度和学生的反应来灵活地选择回答者。这一环节对于营造积极互动的学习环境及鼓励学生参与至关重要。在叫答方式上，有研究者对叫答方式进行了划分，提出有集体回答、点名回答、自愿回答和教师自答等方式⑤；聂丽丹对比了两位高中英语教师的提问习惯，发现他们在提问的策略上并无显著差异，主要采用了针对特定学生的提问和向全班提问的方式。⑥ 此外，有观点

① 朱艳艳．小学英语课堂有效提问的策略研究［D］．镇江：江苏大学，2022.

② 李平．小学教师有效课堂提问策略探究［J］．教育探索，2016（8）：118-120.

③ 王立群．语文课堂提问的有效实施研究［D］．长春：东北师范大学，2005.

④ 卢正芝，洪松舟．教师有效课堂提问：价值取向与标准建构［J］．教育研究，2010（14）：49-51.

⑤ 赵晓红．大学英语阅读课教师话语的调查与分析［J］．外语界，1998（2）：17-23.

⑥ 聂丽丹．熟手型—新手型教师高中英语课堂提问的比较研究［D］．漳州：闽南师范大学，2016.

指出，在课堂提问时，教师应避免单一的模式，既可以选择实名点名，也可以选择匿名提问。前者有助于激发特定学生的思考，增强其思维的主动性；而后者则更有利于营造一个活跃的课堂氛围，引导学生发展整体思维能力。教师还应根据学生的不同特点，灵活运用多种提问策略。①

紧接着就是候答环节，合理的候答时间赋予学生必要的思考空间，使他们能够更充分地阐述观点，从而反哺提问的质量。在候答时间上，有国外学者提出，问题的复杂程度应当决定教师等待学生回答的时间长度。具体而言，对于简单的问题，建议教师延长至少 3 秒的思考时间；对于更复杂的问题，则建议超过 15 秒的等待时间，以促进学生深度思考。研究表明，学生为了充分理解问题本身，最少需要 3 秒的时间，延长这段时间可以显著促进学生的思维活动和学生深层次的思考。众多研究指出，在大部分教学场景中，教师在提问后给予学生的等待时间通常非常短。② 国内有研究者表示，教师在提出问题后，不要急着给予过多的解释与引导，而是要留给学生一定的思考时间，教师要善于“卖关子”，让学生自己进行一定的深入思考，有意识地帮助学生进入最近发展区。③

综上所述，在提出问题阶段，有效的发问能激发学生思考并让学生快速进入学习状态，但发问的效果在很大程度上取决于叫答和候答的恰当运用。合理的候答时间为学生创造了反思与构思答案的机会，这有助于提升他们的参与度和问题回答的质量。④ 适配的叫答策略则鼓励学生积极参与课堂讨论，确保了提问能够引发更广泛的学生回应和互动。⑤通过三者的协同互动，问题的提出阶段不仅催化了学生对知识的探索性追求，还构筑了一个促进学生认知发展的情境，这在实现有效教学及促

① 闫国娥．提问策略在英语课堂教学中的应用［J］．教学与管理，2011（15）：139-140.

② Ur, P. *A Course in English Language Teaching* [M]. Cambridge: Cambridge University Press, 2012.

③ 何秀贤．掌握课堂提问技巧　提高课堂教学效果［J］．中国职业技术教育，2007（13）：52-54.

④ 常丽丽，丁相平．教师课堂提问策略研究［J］．太原师范学院学报（社会科学版），2014，13（4）：120-123.

⑤ 朱艳艳．小学英语课堂有效提问的策略研究［D］．镇江：江苏大学，2022.

进学生深层次学习方面起到了至关重要的作用。

3. 处理回应阶段

教师运用课堂提问 3P 模式的最后一个环节即处理回应阶段，在此阶段教师需要对学生的回答采取适当的理答方式，给予合适的反馈。所谓理答，是指教师对学生回答的应答技巧和反馈方式，教师的理答直接关系到学生回答问题的积极性，并影响他们的课堂参与度。

国外学者主要对理答阶段教师的理答技巧和反馈方式进行了探讨。佩罗特提出教师应具备重复、解释、提示、探究等理答策略①；肖德龙将教师的反馈方式分为积极反馈和消极反馈，其中积极反馈是对学生的回答给予正面肯定等，消极反馈则是教师对学生的回答表示否定、批评、不满意等。② 与国外研究相类似，国内有研究者也按照理答的性质，将其分为积极评价和消极评价。胡青球等人在研究中表明，在实际的课堂上，教师的积极反馈比消极反馈多，教师的消极评价会打击学生的积极性，因此应谨慎使用。③ 有研究者将教师的理答行为细分为教师换人回答、简单肯定或重复学生回答、概括或引申学生回答、追问并让学生补充、评价与指导学生回答以及让其他学生评价等。④ 此外，有部分研究者着重提及教师课堂提问理答行为中追问的重要性，认为高效的教师理答应该结合学生个体的实际情况，对学生进行引导和追问，并尽可能运用逐层追问控制重复追问的次数。

四、文献述评

综上所述，高效的课堂提问有助于提升学生的思维品质，但是既有研究主要侧重不同学科的教师在教学实践中如何通过课堂提问来改善学

---

① Perrot, E. *Effective Teaching: A Practical Guide to Improve Your Teaching* [M]. London and New York: Longman, 1982.

② Chaudron, C. *Second Language Classrooms: Research on Teaching and Learning* [M]. Cambridge: Cambridge University Press, 1985.

③ 胡青球，埃德·尼可森，陈炜. 大学英语教师课堂提问模式调查分析 [J]. 外语界，2004 (6)：22-27.

④ 何光峰，曾志红. 教师提问与反馈存在的问题及改进：基于 10 节初中语文录像课的实证研究 [J]. 基础教育课程，2019 (7)：48-54.

生的批判性思维品质，而缺乏具体分析其他思维品质的培养问题。笔者系统、深入研究相关领域，发现课堂教学提问的研究值得从更加多元的视角予以分析，探索学科教学中的课堂提问如何进一步提升小学生逻辑思维品质、批判性思维品质和创造性思维品质。

我国教师课堂提问研究尽管不断深入，但是研究思路亟待拓展。

第一，现阶段课堂提问研究缺乏对教师的实践性与反思性研究，缺乏对课堂提问特征与小学生思维品质等方面关系的思考。

第二，我国关于教师课堂提问的研究视角较为单一，与思维品质之间的联系较少。目前，针对教学中教师提问功能的研究主要采取了量化分析方法，这些研究通过统计分析来观察教师的发言量、提问的种类与频次及互动的模式等。从教育学的角度来看，这些研究侧重于教师言语的功能性及其对学生发展的促进作用，而从语言学的角度，研究则更注重分析言语的细节特征及其对学习心态的影响。尽管如此，很少有研究尝试将这两个视角结合在一起进行全面分析。由此而言，如若要突破当前单一的研究视角问题，可以引入课堂生态、认知心理等方面的理论，从跨学科的视角来研究课堂提问与思维品质之间的生成或互动机制。

第三，教师课堂提问研究缺乏对学生核心素养的关注。梳理相关研究可知，教师对英语课程的设计和实施要围绕英语学科的核心素养，才能培养学生的语言能力、思维品质、文化品格与学习能力。然而，当前的研究主要关注小学英语教师课堂话语的本体论，而缺乏对教师课堂话语是否促进学生核心素养的实证性研究。就现状而言，针对小学生核心素养的研究口径仍然较小，譬如，卓秀霞以学生语言能力的发展为切入口，从教师课堂话语量、提问方式和反馈类型三个方面探究教师课堂提问的现状与问题。① 除此之外，张梦雪等人对小学英语教师的课堂提问进行了个案研究，将教师课堂提问与培养学生核心素养进行结合，但也难掩研究样本单一、分析语料不足及研究结论的可推广性较差等问题。②

第四，针对不同类型、不同职业阶段教师的课堂提问效果与改进策

① 卓秀霞．学生语言能力发展视角下的高中英语教师阅读课堂话语分析［D］．赣州：赣南师范大学，2019.

② 张梦雪，刘明东，唐文杰．小学英语学科教学中的育人策略例析：以湘少版四年级下册英语教材为例［J］．重庆第二师范学院学报，2020，33（1）：75-78.

略研究亟待深入。现有研究将教师作为整体对象予以分析，并未深入教师队伍的内部结构，分析不同职称、年龄、专业背景与地区的教师的课堂提问的效果。由此，研究所得出的结论并不能具体且有效地为不同类型、不同职业阶段的教师提供可持续化的教学提问策略与反思标准。特别是新、老教师在运用课堂提问时展现出何种差异，又会如何影响学生思维品质的发展，已经成为现实教学过程中无法忽视的议题。由于缺乏不同教师课堂提问效果比较与分类策略研究，教师在运用课堂提问策略时，缺乏明确的方法指引与实施标准，进而影响其对高阶思维与低阶思维问题的合理运用。

整体而言，随着新课标中核心素养概念的提出，如何在具体的课堂教学中培养学生创造性思维能力成为亟待解决的问题。教师需要根据学生的学习与成长规律，结合教学的渐进原则予以综合设计，从而提升学生的思维品质。

基于以上综述，本书采用实验研究的方法，探索在小学英语教学中通过课堂提问 3P 模式提升学生思维品质的效果，同时考查新手型教师和熟手型教师在课堂提问 3P 模式运用中学生思维品质培养效果的差异。

第二章 研究设计

在确定研究问题之后，便开始设计教学实验，在教学实验过程中采用课堂提问策略，运用多种研究方法深入分析课堂提问 3P 模式影响学生思维品质发展的机制及其促进学生思维品质发展的教学效果，并比较新手型教师与熟手型教师运用课堂提问 3P 模式效果的差异。

一、研究问题

本研究采用实验教学研究，并结合量化研究与质性研究相结合的方法，开展课堂观察与教师访谈，回答如下研究问题：

① 小学英语教学中的课堂提问 3P 模式是否能促进学生思维品质提升？如果能，其可能的原因是什么？

② 新手型教师与熟手型教师运用课堂提问 3P 模式提升学生思维品质的效果是否存在差异？如果有差异，其可能的原因是什么？

以往的研究表明，新手型教师通常处于职业生涯的起始阶段，他们更倾向于采用新的教学方法和策略，因为他们还在寻找适合自己的教学方法。相比之下，熟手型教师已经找到了他们觉得有效的教学策略，较少尝试新的教学方法。在教师培训过程中，不同经验的教师会受到不同的指导和关注。例如，新手型教师的培训往往更注重基础教学技能的建立和课堂管理能力的培养，而熟手型教师的培训往往更倾向于教学技能的进阶提升和创新教学策略的引入。新手型教师更需要频繁地从学生、同事和导师那里获得反馈，并据此调整他们的教学方法。而熟手型教师更依赖他们的经验，不会那么频繁地寻求反馈。新手型教师在与学生建立关系方面会面临更多的挑战，因此，他们还在努力平衡自己的教学方法与学生的需求。相比之下，熟手型教师已经掌握与不同类型的学生建立良好关系的技巧。

新手型教师更容易受最近接受的培训的影响，更倾向于全面使用课堂提问 3P 模式。而熟手型教师会结合自己的经验，对该模式进行一些调整或选择性地应用。

因此，新手型教师和熟手型教师在多个方面存在显著差异，而这些差异可能会影响他们对课堂提问 3P 模式的使用。深入研究这两类教师在应用该模式时的差异，将有助于为不同经验背景的教师提供更有针对性的指导和培训。

二、研究假设

根据第一章的文献综述及以往的研究结果，本研究提出有关研究问题和研究目标的几点假设：

第一，课堂提问 3P 模式能促进小学生思维品质的发展。在课堂上学会提问是每一位教师在教学实践中需要掌握的重要教学技能，开放式、启发式的提问方式比封闭式的提问方式更加能够聚焦学生的课堂注意力、激发学生的学习兴趣。因此，本研究假设基于课堂提问 3P 模式能更加有效地促进小学生思维品质的发展。

第二，教师的教学熟练程度会影响课堂提问 3P 模式的运用效果，从而影响小学生思维品质。教龄较长、经验丰富的教师往往更能关注到学生在课堂上的学习表现，能更好地把控课堂教学与学生学习的节奏，更准确地把握课堂教学的难点和重点。因此，本研究假设熟手型教师运用课堂提问 3P 模式能更好地促进小学生思维品质的发展。

三、研究对象

1. 学生对象

在 X 市，笔者随机选取了一所城区小学的 5 年级英语课堂为研究场所。为了建立研究工具和信效度检验，使用整群抽样法，首先随机选择了 2 个班级，同时，同年级的其余班级参与了思维品质的前测。基于前测结果，后续选取了 4 个班级的全体学生（男生 144 名，女生 116 名，平均年龄 11.4 岁）作为研究对象。在此过程中，家长接到了知情同意书，均反馈同意孩子参加本次教学研究。为避免研究期间部分家长对孩子进行思维训练，家长只知道孩子将参与一项教学研究，但孩子所在班级是实验组还是控制组，家长并不知情。这所被选中的小学在城区整体学业水平中处于中等以上，该市学生从一年级开始学习英语，较之从三年级开始学习英语的小学生而言，该小学学生的英语能力相对较强。

为保证数据分析方法的正确性，需要检验学生思维品质前测成绩是否符合正态分布。因此，本研究首先对所有班级的前测进行正态性检验。数据分析软件采用 SPSS 26.0，由于每个班级的学生人数均超过 50 人，本研究采用了柯尔莫戈洛夫–斯米诺夫检验法（Kolmogorov-Smirnov test，K-S test）来检验每个班级的测试成绩是否符合正态分布。分析结果表明，所有班级的前测均符合正态分布（$p>0.05$），前测成绩正态性检验结果见表 2-1。

表 2-1　前测成绩正态性检验

班级		柯尔莫戈洛夫–斯米诺夫（V）[a]			夏皮洛–威尔克		
		统计	自由度	显著性	统计	自由度	显著性
前测	1	0.092	63	0.200*	0.940	63	0.004
	2	0.083	54	0.200*	0.962	54	0.085
	3	0.088	51	0.200*	0.965	51	0.132
	4	0.099	62	0.200*	0.954	62	0.021

注：*. 这是真显著性的下限；a. 里利氏显著性修正。

由表 2-1 可知，参与研究的 4 个班级的前测成绩均符合正态分布，符合进一步方差分析的要求。

2. 教师对象

X 市小学英语教师发放了参与教学研究活动的邀请函，共收到 15 份希望参加教学研究的反馈。研究人员根据报名教师的年龄、学历、性别、教学年限等做了筛选，最终确定 4 名教师参与教学研究。

对于新手型教师与熟手型教师的分类，国内外大部分研究都侧重于教龄和职称两个关键维度。根据法雷尔（Farrell）的定义，新手型教师具有 1 至 2 年的教学经验。① 而在职称方面，新手型教师通常是指持有 3 级及以下教师职称的教育者。② 相对地，熟手型教师则被界定为拥有超过 5 年教学经验，且至少具备中级职称的教育工作者。因此，根据相关研究，笔者将新手型教师定义为教龄在 3 年以下且尚未获得正式教师职称的教师。熟手型教师则是指在教龄上拥有超过 8 年的教学经验，并且至少具备中级职称的教师。③

同时，在教育研究领域，专家型教师的识别不仅基于教龄和职称等客观标准，还强调对他们在教学实践中展现的专业素养、创新思维和自我管理等方面的评估。④ 由于对主观评价指标的关注，专家型教师的辨识过程变得更加复杂，这也为其定义带来了难度。鉴于此，本研究未将专家型教师纳入研究对象范围。

基于上述界定，笔者最终选择了 4 名女性教师作为研究对象，其中 2 名被界定为新手型教师，另外 2 名为熟手型教师。此外，为了排除教师与学生之间熟悉程度对研究结果的影响，确保研究数据的客观性和准确性，4 名教师过去均非任职于实验学校的英语教师，而是为了本次教学实验研究，专门调换到实验班、对照班承担英语教学任务。4 名教师的具体情况见表 2-2。

表 2-2　4 名教师的具体情况

组别	对象	职称	教龄/年	性别
新手实验组	韩老师	未定级	2	女性
新手对照组	陈老师	未定级	2	女性
熟手实验组	汪老师	中级	15	女性
熟手对照组	房老师	中级	15	女性

为了保证教学研究的顺利开展，在正式研究开始之前，4 名教师分别与各自负责的教学班级进行一节课的试教，并借此机会相互熟悉，试

① Farrell, T. S. Novice-service language teacher development: Bridging the gap between pre-service and in-service education and development [J]. *Tesol Quarterly*, 2012, 46: 435-449.

② 连榕. 教师教学专长发展的心理历程 [J]. 教育研究, 2008, 29 (2): 15-20.

③ 夏正华. 熟手型教师数学课堂提问的定量研究 [J]. 中学数学教学参考, 2017, (13): 63-67.

④ 连榕. 新手—熟手—专家型教师心理特征的比较 [J]. 心理学报, 2004 (1): 44-52.

教内容与教案完全一致，由笔者提供。研究对象确定之后，笔者采用了自编的教师访谈材料，对 4 名教师进行了半结构化访谈，确认其对于课堂提问相关方面的初步理解。

四、研究工具

1. 小学生思维品质英语测试卷

（1）测试编制

《课标 2022》中的学生思维品质学段目标将小学生英语思维分为观察与辨析、归纳与判断、批判与创新 3 个思维品质层次，对应的能力见表 2-3。

表 2-3　《课标 2022》中的学生思维品质学段目标

思维品质层次	能力
观察与辨析	观察图片或现实生活的环境、人与物、现象、问题 辨析和比较信息、人物特征、事物特征 归纳信息、观点、特征 判断事物之间、观点之间的关联性和逻辑关系 多角度看待事物、分析问题
归纳与判断	概括、归纳、提炼信息和观点 根据已有信息进行推测 推断信息之间的逻辑关系、人物心理和行为动机 形成自己的想法和观点
批判与创新	表达自己的喜恶、看法并说明理由 对语篇内容、观点提出合理的疑问 评价语篇的内容和作者的观点 创造语篇，再现经验，表达观点、情感和态度

为避免练习效应对研究结果的影响，本研究编制的五年级学生英语思维品质测试卷（前测）、（后测）的题目并不相同，总分值为 150 分，三个维度分值均为 50 分。具体试卷样例及批改情况见图 2-1。

五年级学生英语思维品质测试卷

学校 ___ 班级 五(5) 姓名 ___

（测试时间：40分钟，总分150分）

注：答题时请尽可能用英文回答，实在不会的句子也可以用中文表述。

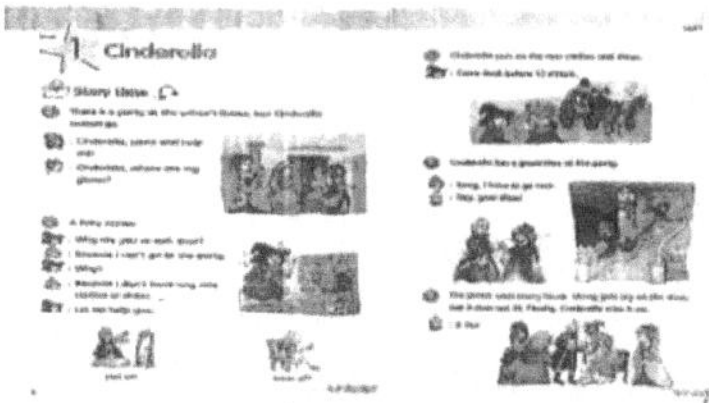

第一层级：观察与辨析 （50分）

观察图片感观察生活的环境、人与物、现象、问题

1. Look at the picture, who are they in the picture? （5分）

是灰姑娘和继母的姐姐和继母

辨析和比较信息、人物特征、事物特征

2. Who helps Cinderella? (5分)

是仙女帮助了她。

3. What do you think of her, kind or bad? (5分)

I think she is kind.

归纳信息、观点、特征

4. 请写出故事中人物特征的形容词。

（1）Cinderella is 美丽的、善良的. (5分)

（2）The prince is 善良的、勇敢的. (5分)

（3）Cinderella's stepsisters are bad. (5分)

多角度看待事物，分析问题；判断事物之间、观点之间的关联性和逻辑关系

5. 思考并回答问题。

(1) Does Cinderella's stepsisters want to go to the party? Why? （5分）

灰姑娘同父异母的姐姐想参加舞会吗？为什么？

Yes，因为她想去见王子，想和王子过上幸福的生活。

(2) Does Cinderella's stepmother want Cinderella's stepsisters to go to the party? Why?（5分）

灰姑娘的继母想灰姑娘同父异母的姐姐参加舞会吗？为什么？

不想 No，因为继母不喜欢灰姑娘，怕灰姑娘去了会影响她女儿。

(3) Does Cinderella want to go to the party? Why? （5分）

灰姑娘想参加舞会吗？为什么？

Yes，因为她想离开在继母身边，不想和在继母那过着痛苦的生活，她想和王子在一起，过上幸福生活。

(4) Does Cinderella's stepmother want Cinderella to go to the party? Why?（5分）

灰姑娘的继母想灰姑娘参加舞会吗？为什么？

No，因为她不想喜欢灰姑娘，怕灰姑娘去了抢她。

第二层级：归纳与推断 （50分）

概括、归纳、提炼信息和观点

6. "Cinderella: I have to go now."

——节选自译林版教材五年级下册 Unit1 Cinderella(Story time)

Why does Cinderella have to go? (10分)

因为她没有漂亮的衣服

根据已有信息进行推测

7. The prince says: "It fits!"

——节选自译林版教材五年级下册 Unit1 Cinderella(Story time)

(1) Is the shoe too big or too small for Cinderella? (5分)

这鞋正好。

推断信息之间的逻辑关系、人物心理和行为动机

(2) How do Cinderella's stepsisters feel at that time?Why? (5分)

灰姑娘同父异母的姐姐此时心情如何？为什么？

不高兴，因为姐姐不喜欢灰姑娘，不想让灰姑娘和王子在一起。

(3) How does the Cinderella feel at that time? Why?(5分)

灰姑娘此时心情如何？为什么？

高兴，因为她能离开坏继母，过上幸福生活。

(4) How does the prince feel at that time? Why?(5分)

王子此时的心情如何？为什么？

高兴，因为王子找到了自己的心上人。

形成自己的想法和观点

8. Do you think Cinderella want the prince to find her? Tell your reasons. (10分)

你觉得灰姑娘希望王子找到她吗？为什么？

希望，因为她想离开继母，不想再过痛苦的生活，她想和王子过上幸福生活。

9. If you were the prince, how can you find Cinderella? (10分)

如果你是王子，你会用什么方法来寻找灰姑娘？

我会再一次举办舞会。

第三层级：批判与创新 （50分）

表达自己的喜恶、看法并说明理由。

10. 思考并回答问题。

(1) Who do you like best in the story? Why? （5分）

在这个故事中，你最喜欢谁？为什么？

I like Cinderell, Because she is 善良的.

(2) Who don't you like in the story? Why?（5分）

在这个故事中，你不喜欢谁？为什么？

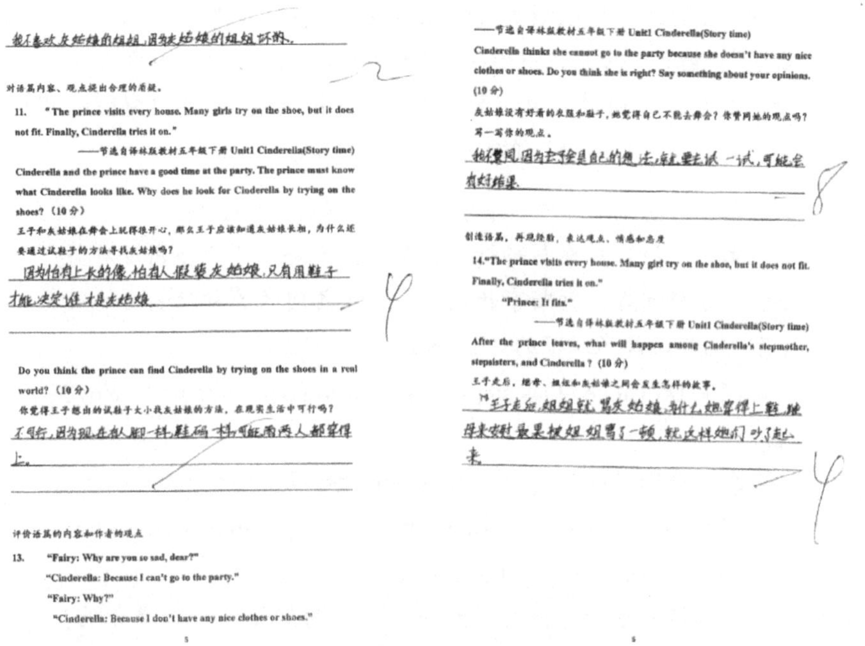

对语篇内容、观点提出合理的质疑。

11. " The prince visits every house. Many girls try on the shoe, but it does not fit. Finally, Cinderella tries it on."

——节选自译林版教材五年级下册 Unit1 Cinderella(Story time)

Cinderella and the prince have a good time at the party. The prince must know what Cinderella looks like. Why does he look for Cinderella by trying on the shoes? （10 分）

王子和灰姑娘在舞会上玩得很开心，那么王子应该知道灰姑娘长相，为什么还要通过试鞋子的方法寻找灰姑娘吗？

Do you think the prince can find Cinderella by trying on the shoes in a real world? （10 分）

你觉得王子想出的试鞋子大小找灰姑娘的方法，在现实生活中可行吗？

评价语篇的内容和作者的观点

13. "Fairy: Why are you so sad, dear?"

"Cinderella: Because I can't go to the party."

"Fairy: Why?"

"Cinderella: Because I don't have any nice clothes or shoes."

5

——节选自译林版教材五年级下册 Unit1 Cinderella(Story time)

Cinderella thinks she cannot go to the party because she doesn't have any nice clothes or shoes. Do you think she is right? Say something about your opinions. (10 分)

灰姑娘没有好看的衣服和鞋子，她觉得自己不能去舞会？你赞同她的观点吗？写一写你的观点。

创造语篇，再现经验，表达观点、情感和态度

14."The prince visits every house. Many girl try on the shoe, but it does not fit. Finally, Cinderella tries it on."

"Prince: It fits."

——节选自译林版教材五年级下册 Unit1 Cinderella(Story time)

After the prince leaves, what will happen among Cinderella's stepmother, stepsisters, and Cinderella？ (10 分)

王子走后，继母、姐姐和灰姑娘之间会发生怎样的故事。

6

图 2-1　试卷样例及批改情况

笔者基于译林版小学英语教材中的童话故事《灰姑娘》和《皇帝的新衣》编制试卷，其中《灰姑娘》用于前测，《皇帝的新衣》用于后测。《灰姑娘》和《皇帝的新衣》都是经典的童话故事，学生对其十分熟悉。这种熟悉度意味着学生在读这些故事时，不需要花费过多的精力去理解故事情节，因此学生有更多的时间去思考故事背后的含义和价值观。例如，对于《皇帝的新衣》，可以讨论盲目的从众、真实与虚假的辨识能力；对于《灰姑娘》，可以探索公正、恶与善等议题。因此，选择这些故事作为文本，教师可以从学生的回应中更加直观地了解学生对这些议题的思考深度，从而评估学生思维品质。

前测和后测试卷均允许学生使用中文回答，这是因为小学生的英语表达能力处于初级阶段，尚未能完全用英语来表达。为了确保评估的重点在于学生的思维品质，而不在于其语言表达能力，笔者在设计测试卷时进行了权衡：一方面鼓励学生尽量使用英语答题，增强其英语应用能力；另一方面，为了防止英语语言能力影响学生对题目的理解和答题，允许他们在必要时使用中文答题。这样，笔者可以更加公正地评价学生的思维品质。

笔者根据思维品质层级对应的能力设计了相应的测试题目，考查学生“观察与辨析”思维品质层次中的“判断事物之间、观点之间的关联性和逻辑关系”和“多角度看待事物、分析问题”。本研究在前测和后测中均采用了“问题链”的形式来考查学生。

例如，在前测试卷中，根据《灰姑娘》故事中：

第一层级：观察与辨析。其中的具体要求是“多角度看待事物、分析问题；判断事物之间、观点之间的关联性和逻辑关系”，笔者设计了以下的“问题链”：

（1）Do Cinderella's stepsisters want to go to the party? Why?（5 分）

灰姑娘同父异母的姐姐们想参加舞会吗？为什么？

（2）Does Cinderella's stepmother want Cinderella's stepsisters to go to the party? Why?（5 分）

灰姑娘的继母想让灰姑娘同父异母的姐姐们参加舞会吗？为什么？

（3）Does Cinderella want to go to the party? Why?（5 分）

灰姑娘想参加舞会吗？为什么？

（4）Does Cinderella's stepmother want Cinderella to go to the party? Why?（5 分）

灰姑娘的继母想让灰姑娘参加舞会吗？为什么？

第二层级：归纳与推断。其中一个具体要求是“根据已有信息进行推测”，笔者设计了这样的“问题链”：

The prince says: “It fits!”

——节选自译林版教材五年级下册 Unit 1 Cinderella（Story time）

（1）Is the shoe too big or too small for Cinderella?（5 分）

鞋子对灰姑娘来说太大或太小了吗？

（2）How do Cinderella's stepsisters feel at that time? Why?（5 分）

灰姑娘同父异母的姐姐们那时的心情如何？为什么？

（3） How does Cinderella feel at that time? Why?（5 分）

灰姑娘那时的心情如何？为什么？

（4） How does the prince feel at that time? Why?（5 分）

王子那时的心情如何？为什么？

第三层级：批判与创新。其中的具体要求是“创造语篇，再现经验，表达观点、情感和态度”，笔者设计了以下的问题：

“The prince visits every house. Many girls try on the shoe, but it does not fit. Finally, Cinderella tries it on.”

“Prince: It fits.”

——节选自译林版教材五年级下册 Unit 1 Cinderella（Story time）

After the prince leaves, what will happen among Cinderella's stepmother, stepsisters, and Cinderella?（10 分）

王子走后，继母、姐姐们和灰姑娘之间会发生怎样的故事？

（2）效度分析

本测试的效度分析主要采用内容效度分析。本测试的理论建构基于《英语标准》中的学生思维品质学段目标，同时笔者也邀请了相关领域专家进行了指导和论证。

本测试经过专家和一线教师的审查，以保证每一道测试题目符合学生被试的年龄特征和知识范围，并能准确地反映学生在观察与辨析、归纳与判断、批判与创新方面的思维品质，保证了测试具有良好的内容效度。

（3）信度分析

为确定“小学生英语思维品质测试”的信度，本研究采用稳定性系数（重测信度）和内部一致性系数（克隆巴赫系数）作为鉴定的信度指标。

稳定性系数分析采用整群抽样法，随机选取研究项目所在小学 5 年级的 2 个班级，其中一个班级（54 名学生）采用前测试卷进行了 2 次测试，间隔两周；另一个班级（52 名学生）采用后测试卷进行了 2 次测试，间隔两周。稳定性系数分析表明，前测、后测试卷的稳定性系数均达到了研究要求，分别为 0. 674 和 0. 692（表 2-4）。

内部一致性研究，笔者邀请了 3 位资深的小学英语教研专家和 3 位一线教师参与评定，结果表明前测试卷和后测试卷的内部一致性系数（克隆巴赫 α 系数）均达到了研究要求，分别为 0. 756 和 0. 779（表 2-4）。

表 2-4　小学生英语思维品质测试信度系数

维度	稳定性系数	内部一致性系数
前测试卷	0. 674**	0. 756
后测试卷	0. 692**	0. 779

注：** $p \leqslant 0.01$。

以上信度分析结果表明“小学生英语思维品质测试”具有良好的稳定性系数和内部一致性系数，可以用于正式研究。

2. 教师提问课堂观察量表

（1）量表编制

根据文献综述，本研究对英语课堂教学中教师所有可能的提问方式、提问类型等做了梳理与分析，将各种提问类型按照观察与辨析、归纳与判断、批判与创新这 3 个思维品质层次进行分类。

此外，为了评估教师课堂提问方式、理答方式对学生思维品质发展的影响，根据《课标 2022》中的思维品质层级等，本研究编制了专门用于课堂教学过程的“教师提问与理答方式课堂观察量表”。该量表包括提问时间、教学环节、问题内容、问题类型、侯答时间、学生回答方式、学生回答结果、问题反馈方式 8 个方面。

关于问题反馈方式，具体说明如下：

① 诊断性理答：采用肯定或否定的方式回应学生的回答。

② 激励性理答：采用激励的语言如“回答得真棒!”等回应学生的回答。

③ 发展性理答：采用追问、转问、探问、反问等方式回应学生的回答。

在课堂实录分析中，我们运用这些该量表，统计教师的提问类型、侯答时间等。以某一节课为例，相应的观察记录见表 2-5。

表 2-5　教师提问课堂观察量表与相应记录

提问时刻	教学环节	问题内容	问题类型	候答时间/s	学生回答方式	学生回答结果	问题反馈方式
2 分 20 秒	Lead-in	1. What's the video about?	观察与辨析类	14	个体	正确	诊断性理答
3 分 5 秒	Lead-in	2. What's the symptom?	观察与辨析类	5，14	个体	正确	发展性理答
4 分 14 秒	Lead-in	3. If we don't feel good, what should we do?	归纳与推断类	6，16	个体	正确	诊断性理答
6 分 48 秒	Presentation	4. Who are they?	观察与辨析类	9	个体	正确	诊断性理答
7 分 10 秒	Presentation	5. Who is he?	观察与辨析类	2	个体	错误	发展性理答
7 分 33 秒	Presentation	6. What's wrong with them?	归纳与推断类	8	个体	正确	激励性理答
9 分 25 秒	Presentation	7. What's wrong with them?	观察与辨析类	10	个体	正确	诊断性理答
10 分 16 秒	Presentation	8. What about Mike?	观察与辨析类	3	个体	正确	诊断性理答
10 分 53 秒	Presentation	9. Who is he?	观察与辨析类	2	集体	正确	诊断性理答
11 分 10 秒	Presentation	10. What do the doctors usually do?	归纳与推断类	10，18	个体	正确	发展性理答
15 分	Presentation	11. What does the doctor say to Su Hai?	观察与辨析类	6	个体	正确	激励性理答
16 分 5 秒	Presentation	12. Anyone else?	观察与辨析类	5	集体	正确	发展性理答
19 分 2 秒	Presentation	13. What does the dentist say to Mike?	观察与辨析类	4，13，34，60	个体	正确	发展性理答
26 分 22 秒	Practice	14. Are you ready?	观察与辨析类	1	集体	正确	激励性理答

续表

提问时刻	教学环节	问题内容	问题类型	候答时间/s	学生回答方式	学生回答结果	问题反馈方式
27 分 46 秒	Practice	15. Who can?	观察与辨析类	10	个体	正确	诊断性理答
30 分	Practice	16. Who wants to read in roles?	观察与辨析类	8	个体	正确	激励性理答
34 分 24 秒	Practice	17. Who can finish it?	归纳与推断类	6	个体	正确	激励性理答
34 分 52 秒	Practice	18. What about Mike?	归纳与推断类	4	个体	正确	诊断性理答
35 分 42 秒	Production	19. Who can retell the story?	归纳与推断类	10	个体	正确	发展性理答
36 分 7 秒	Production	20. What about Mike?	归纳与推断类	9	个体	正确	诊断性理答
38 分	Production	21. Who can make a new dialogue?	归纳与推断类	10，60	个体	部分正确	发展性理答
39 分 35 秒	Consolidation	22. Do you like going to the hospital?	观察与辨析类	1	集体	正确	诊断性理答

注：集体回答，让最先回答的同学计时；教师自问自答，无须记录。

（2）效度分析

本量表的效度分析主要采用内容效度分析。本量表的构建主要基于《课标 2022》中关于课堂教学的实施建议，其中问题类型（观察与辨析类、归纳与判断类、批判与创新类）是基于课标中的学生思维品质学段目标；教学环节是基于英语教学常用的“5 步教学法”，即引入（准备）、呈现、联系、产出和巩固；问题反馈方式即理答方式，分为诊断性理答、激励性理答、发展性理答，是基于沈毅和崔允漷在其著作《课堂观察：走向专业的听评课》中关于教师理答的论述。

在本量表的设计过程中，笔者分别从南京师范大学、东南大学各邀请了 1 位学科教学研究专家进行了指导和论证，邀请了 4 位具有丰富的小学英语教学经验的小学英语特级教师、小学英语教研员参与了讨论。

他们仔细审读了量表各条目，对相关细节提出了修改意见。量表修改定稿后，专家们认为，本量表能够很好地呈现课堂教学过程中的“教师提问—学生回答—教师理答”这一基本的师生互动过程，使用该量表可以记录和分析教师在教学过程中的提问类型和理答方式，保证了该量表具有良好的内容效度。

（3）信度分析

为确定“教师提问课堂观察量表”的信度，本研究采用内部一致性系数作为鉴定的信度指标。

在内部一致性研究中，笔者先后邀请了1位南京师范大学、1位东南大学的英语教育专家、3位资深市区级小学英语教研员、3位英语学科一线教师参与评定，评定维度包括提问类型和理答方式。具体方法为每位专家、教研员和教师独立对同一节课中的所有教师提问类型和理答方式进行一致性分析。

结果表明，提问类型和理答方式的内部一致性系数均达到了研究要求，分别为0.884和0.912（表2-6），这说明教师提问课堂观察量表具有良好的内部一致性系数，可以用于正式的课堂观察研究。

表2-6 教师提问课堂观察量表信度系数

维度	内部一致性系数
提问类型	0.884**
理答方式	0.912**

注：** $p \leq 0.01$。

3. 半结构化访谈

（1）访谈设计

课堂提问是英语教学中十分重要的环节，课堂提问的质量会对学生的学习效果和学生思维发展产生重要的影响。而在教学过程中，教师对课堂提问的认识程度会直接影响教师课堂提问的有效性，即便是在教师使用同一课堂提问模式时，不同教师对课堂提问重要性的认知程度的差异也会在很大程度上影响教师课堂提问的效用，进而对学生的思维品质发展和学习效果的提升产生重要影响。因此，调查和分析教师对课堂提问重要性的认知是十分有必要的。

由于量化分析只能反映前后的横断面结果，而无法对教师的教学理念、教学方法、教学过程等教学活动中的细节进行分析和讨论。因此，本研究除观察新手型教师和熟手型教师运用课堂提问 3P 模式时的情况外，还采用了半结构化访谈，分别对新手型教师和熟手型教师进行访谈。从教师提问的时机、频率及课堂提问前的问题设计等维度来比较新手型教师和熟手型教师对课堂提问 3P 模式的重要性认知的差异。

在本项研究中，笔者依据布鲁姆的教学目标分类法来分析教师在课堂上提出的问题类型，这些问题类型被划分为六个层次：记忆、理解、应用、分析、评价、创造。在现有的小学英语教学实践中，记忆层次的问题主要旨在检验学生对经验或已学习材料的记忆能力，答案通常通过简单回忆获得，无须学生进行深入思考。理解层次的问题要求学生解释和转述学习内容，涉及对原始信息进行个人理解和重组的过程。此类问题促使学生处理和转换学习材料，以此检测他们对知识的掌握程度，这不仅能测试学生是否准确理解问题，还能提升他们的思考能力，是教师在课堂教学中频繁使用的一种提问方式。应用层次的问题建立在知识层次的基础上，旨在促使学生运用掌握的知识和技能来解决相关问题，激发学生深入参与学习过程，这是知识内化和应用的关键。分析层次的问题不仅要求学生理解知识内容，还要理解知识的组织结构，这是学生进行知识创新的关键。在小学课堂上，教师应指导学生重新组织知识和信息，理解不同要素之间的联系并进行分析。通过提出评价层次的问题，教师可以评估学生的判断水平和标准，培养他们的思维能力。创造层次的问题鼓励学生将现有知识与新问题相结合，形成新的整体，用学到的知识来解决问题，这不仅提升学生解决问题的能力，也促进他们创造力的发展。

本研究根据以上分类和标准，按照提纲对新手型教师和熟手型教师在运用课堂提问 3P 模式中提问的类型进行教师访谈、课堂实录分析与统计。此外，候答时间是课堂提问过程中的一个重要环节。当教师提出问题时，他们需要为学生提供充分的思考时间，这样学生就能够把新获得的信息与他们已经知道的知识相结合。因此，候答时间的长短直接决定学生回答问题的品质。通过教师访谈、课堂实录分析与统计，比较新手型教师与熟手型教师运用课堂提问 3P 模式时候答时间的差异。

综上所述，为了考查新手型教师和熟手型教师对课堂提问重要性的认知差异、课堂提问的类型差异、候答时间的差异、叫答类型的差异、问题反馈方式的差异等，笔者设计了半开放式访谈提纲，对 4 位参加教学研究的教师进行了访谈，并对访谈结果进行部分实录和质性分析。具体访谈提纲如下所示：

1. 您认为在英语课堂上进行系统提问会对学生思维品质发展有促进作用吗？为什么？

2. 作为新手型/熟手型教师，您的提问策略是什么？有什么特别之处？它有作用吗？

3. 在您的课堂上，您的候答时间、叫答类型及反馈方式是什么呢？

4. 在准备问题、提出问题、处理回应三个阶段，学生的思维品质发生了什么变化？为什么？

5. 三个阶段之间的关系是什么？如何连续对学生思维品质产生影响？

6. 请您评价一下当前课堂提问的优点与不足以及今后如何改进。

本访谈提纲的总体设计遵循半结构化访谈的一般原则：① 问题简洁明了，直面研究问题；② 保持客观中立，不做诱导提问；③ 提问顺序灵活，依据回答调整；④ 鼓励自由表达，适时进行追问。

本访谈提纲的设计标准如下：

1. 回应研究问题

本书的研究问题包括以下两个方面：① 小学英语教学中的课堂提问 3P 模式是否能促进学生思维品质的提升？如果能，其可能的原因是什么？② 新手型教师与熟手型教师运用课堂提问 3P 模式提升学生思维品质的效果是否存在差异？如果有差异，其可能的原因是什么？本访谈提纲中的每一个问题都是针对这两个研究问题而设计的，不仅关注教师对课堂提问的理解，更关注不同教学经验的教师对课堂提问促进学生思维品质发展的理解及差异。

其中，问题 1 并不针对特定的课堂教学模式或环节，而是直接聚焦于教师对“课堂提问能否促进学生思维品质发展”

的理解，并对教师的观点进行访谈和分析；问题 2 针对研究问题②，同样并不针对特定的课堂教学模式或环节，而是直接聚焦于新手型教师和熟手型教师对课堂提问的理解；问题 4、问题 5 则针对研究问题①，对教师采用 3P 模式后学生的思维品质变化进行了访谈和分析。

2. 面向教学过程

将教学环节分为 Lead-in/Presentation/Practice/Production/Consolidation 这五个部分，并在每个部分设计了引发学生思考的问题。问题 3 聚焦于教师提出问题之后的学生候答时间、叫答类型和反馈方式。在具体访谈过程中教师可能难以快速理解什么是叫答类型和反馈方式，访谈者可以对这两个概念进行解释，帮助被访谈者理解这个问题的含义。

（2）效度分析

本访谈的效度分析主要采用内容效度分析。本访谈的构建主要针对本书的两个核心研究问题。在本访谈的设计过程中，笔者邀请了南京师范大学、东南大学的相关领域专家进行了指导和论证，并邀请了 4 位具有丰富的一线教学经验的教师参与了讨论。他们一致认为，本访谈能够较好地反映教师对课堂提问的理解，保证了该访谈提纲具有良好的内容效度。

（3）信度分析

为确定本半结构化访谈的信度，本研究采用稳定性系数（重测信度）作为鉴定的信度指标。

稳定性系数研究分别由 3 位资深市区级小学英语教研员和 3 位一线教师参与评定，具体方法为每位教研员和一线教师对同一名受访者（非研究对象）进行 2 次同样的访谈，间隔 1 周，以分析和评定该结构化访谈的重测信度。

结果表明，提问类型和理答方式的稳定性系数均达到了研究要求，6 个问题的稳定系数分别为 0.741、0.832、0.764、0.891、0.773、0.815（表 2-7），这说明教师半结构化访谈具有良好的稳定性系数，可以用于正式的教师访谈。

表 2-7　教师半结构化访谈信度系数

问题	重测系数
1	0.741*
2	0.832**
3	0.764*
4	0.891***
5	0.773*
6	0.815*

注：$^{*}p\leqslant 0.05$，$^{**}p\leqslant 0.01$。

五、实验研究

本研究采用了被试内—被试间的混合设计范式开展对照实验研究，班级与班级之间的比较属于被试间设计，前测-后测属于被试内设计。

在各种变量中，因变量为学生的思维品质测试结果，自变量分别为教师熟练程度和不同提问策略，其中教师熟练程度分为 2 个水平（熟手、新手），不同提问策略分为 2 个类型（3P 模式、原来的方式）。

其中，T1 和 T2 为新手型教师，T1 采用原来的提问方式教学，T2 采用课堂提问 3P 模式教学；T3 和 T4 为熟手型教师，T3 采用原来的提问方式教学，T4 采用课堂提问 3P 模式教学。

为了便于区分和描述参与研究的 4 个班级，根据本章第三节对“学生对象”选择的研究方法设计，本研究将参与研究的 4 个班级分别命名为：熟手实验班（63 名学生，用数字 1 表示）、熟手对照班（54 名学生，用数字 2 表示）、新手实验班（51 名学生，用数字 3 表示）、新手对照班（62 名学生，用数字 4 表示）。4 个班级共 230 名学生参与了教学实验研究，其中男生 114 名，女生 116 名，平均年龄为 11.4 岁。

在正式研究开始之前，研究者对 2 位采用 3P 模式开展教学的教师进行了培训，以保证这 2 位教师能够正确地采用 3P 模式进行课堂教学。此外，2 位采用 3P 模式教学的教师每周都会参与相关的教学研究与培训。

在对照班，教师根据自己的风格开展教学，笔者未加以干预。

本研究采用了前测-后测比较方法，以评估不同的课堂提问方式、教师熟练程度对学生思维品质发展的影响。

1. 前测

为保证参与教学实验的班级学生在研究初始状态时，思维品质和英语能力水平具有同质性，本研究采用前测的方式来选择教学实验班级。首先，本研究通过思维品质前测问卷，对小学 5 年级所有班级进行了测试。

为检验参与研究的各个班级之间的前测成绩是否存在差异，本研究运用 SPSS 26.0 统计分析软件，采用单因素方差分析，对各个班级前测成绩进行了检验，将 4 个在思维品质前测结果上没有显著性差异的班级作为正式的研究对象，其描述性统计结果和单因素方差分析结果见表 2-8 和表 2-9。

表 2-8　前测成绩的描述性统计结果

	个案数	平均值	标准偏差	标准错误	平均值的 95%置信区间		最小值	最大值
					下限	上限		
1	63	113.56	20.991	2.645	108.27	118.84	54	142
2	54	114.09	17.374	2.364	109.35	118.83	69	142
3	51	112.47	22.440	3.142	106.16	118.78	58	146
4	62	111.55	22.995	2.920	105.71	117.39	49	146
总计	230	112.90	20.999	1.385	110.17	115.63	49	146

表 2-9　前测成绩的单因素方差分析结果

	平方和	自由度	均方	F	显著性
组间	226.547	3	75.516	0.169	0.917
组内	100750.153	226	445.797		
总计	100976.700	229			

由表 2-9 结果可见，单因素方差分析结果表明，总体上 4 个班级的前测成绩不存在显著性差异，但为防止某两个班级的成绩之间出现显著性差异，对所有班级的成绩做了事后检验，结果如表 2-10 所示。

表 2-10 前测成绩的多重比较结果

	(I) 班级	(J) 班级	平均值差值 (I-J)	标准错误	显著性	95%置信区间	
						下限	上限
LSD	1	2	-0.537	3.916	0.891	-8.25	7.18
		3	1.085	3.977	0.785	-6.75	8.92
		4	2.007	3.777	0.596	-5.44	9.45
	2	1	0.537	3.916	0.891	-7.18	8.25
		3	1.622	4.123	0.694	-6.50	9.75
		4	2.544	3.930	0.518	-5.20	10.29
	3	1	-1.085	3.977	0.785	-8.92	6.75
		2	-1.622	4.123	0.694	-9.75	6.50
		4	0.922	3.991	0.817	-6.94	8.79
	4	1	-2.007	3.777	0.596	-9.45	5.44
		2	-2.544	3.930	0.518	-10.29	5.20
		3	-0.922	3.991	0.817	-8.79	6.94

注：I 代表组别编号，I-J 表示组间差异，LSD 为最小显著差异值，* 表示 $p<0.05$，** 表示 $p<0.01$。

由表 2-10 结果可见，事后检验多重比较结果表明，参与研究的班级两两之间不存在显著性差异，这就保证了参与研究的 4 个班级学生思维品质的初始状态具有同质性。

此外，对这 4 个班级的学生英语水平也进行了测试，确认各班级之间的英语水平也没有显著性差异，具有很好的同质性，可以作为教学实验班级。为了确保实验的客观性和减少潜在偏见，笔者通过随机数字生成器的方式从这 4 个班级中随机选取了 2 个班作为实验组。这样，实验结果更能真实反映教学方法的效果，而不是教师的熟悉程度带来的差异。

2. 教学实验

在中国的英语课堂上，课堂提问被视为关键环节，因为教师的提问方式直接影响学生的思维品质。适当的提问策略可以刺激学生的思考、探索和批判性思维。基于沃尔什和萨特斯提出的 6P 模式，本研究的教学设计采用的是 6P 模式经本土化改造后形成的 3P 模式，即准备问题（Prepare Questions）、提出问题（Present Questions）与处理回应（Process Responses）。

为确保其他变量不对学生思维品质造成影响，笔者考虑了以下因素。首先，实验组和对照组 4 位教师所教授的班级学生均来自同一学校，确保了他们的教育环境和资源基本一致。其次，班级人数相当，学生都处于同一个年级，这保证了他们的学业水平和认知发展阶段相似。再次，他们的整体英语和思维水平相当，所使用的教材都是译林版，并且他们接受的课后延时服务、课外活动等都非常相似。最后，笔者还会对这些变量进行持续的监控和调查，以确保在研究过程中，这些因素的潜在影响被最大程度地控制和消除。

（1）培训阶段

所有参与实验的教师都将接受为期一周的培训，培训内容包括 3P 模式提问的理论、实际应用方法及示范教学。培训中，教师将模拟课堂，进行实际提问与处理学生回应的练习。培训结束后，进行测试，确保所有教师都能理解并实施课堂提问 3P 模式。

（2）教学实验阶段

将 4 个班级随机分为实验组和控制组，每组 2 个班级。实验组的教案采用 3P 模式进行设计，控制组的教案采用原来的方式进行设计。

在教学实验开始前，确保控制组与实验组的教师在英语教学经验、教学水平等方面没有显著差异，从而更好地控制变量。实验组由笔者统一提供课堂提问 3P 模式教案。在问题准备阶段，笔者将设计并准备好问题。

（3）教学反思与数据收集

每次上完课后，实验组教师进行教学反思，深入分析提出问题和处理回应阶段与学生的互动，以及如何根据学生的回应实时调整教学。

（4）后续分析与改进

根据实验组结果，笔者每周与实验组教师进行一次课堂提问 3P 模式的集中研讨，进一步完善课堂提问 3P 模式，调整后续教学设计。

课堂提问 3P 模式教案及实验组教师的教学反思见表 2-11 和表 2-12。

表 2-11 课堂提问 3P 模式教案

学校	J 学校	教师	W 老师	年级	五	学科	英语
课题	5B Unit 5 Helping our parents					课时	1
教材简析	本课为译林版《英语》教材五年级下册第五单元的第一课时。通过 Mike 的视角展现了 Mr Brown 一家周末的日常生活。描述了父母在做家务，孩子们如何参与帮助的情景，同时引入语法“现在进行时”，帮助学生掌握该语法。让学生学习完本课之后，懂得为人父母的不容易，家庭的每个成员都要承担家务。						
教学目标	语言能力：通过本节课学习，学生会读、理解、运用单词 parent、clean、cook、sweep、busy、wash 等。 文化意识：学生能主动帮助父母承担力所能及的家务。 思维品质：培养学生高阶思维能力。 学习能力：通过本节课学习，学生能够掌握核心句型 What are you/they doing? What is he/she doing? 的用法及回答。						
教学重难点	教学重点：通过本节课的学习，学生能初步运用句型 What are you/they doing? What is he/she doing? 及其回答 I am/We/They are/He/She is doing ... 教学难点：能借助课文，初步感知现在进行时的特殊疑问句和肯定句。						
准备问题 (Prepare Questions)							
Who is he? What is the big head son doing? What is she doing? What is he doing? Who are they? What are they doing? What is Helen doing? What about Mike? What are their parents doing in the morning? What are their parents doing in the afternoon? What are Tim and Jim doing in the afternoon? Can you summarize what Tim is like? Clever? So what kind of boy is Tim? If you are Tim, what should you do to help your parents? Who can be the reader? Let's read after the tape. Let's read one by one. Who can be the first one? Who can use two ways to retell the story? Who can try? Which group (can share in the front)? Do you usually help your parents do some housework? What can you do by your age?							

续表

教学过程		
教学步骤	提出问题 (Present Questions)	处理回应 (Process Responses)
Step 1 Lead in Enjoy a video, and then answer some questions. Look and say. Say something about these pictures. Work in pairs. Step 2 Story time Look and answer. Watch and answer. Listen and choose. Look at the four pictures. Mike and Helen are doing these things to help their parents. Look and say. We know Mike and Helen are doing different things in the morning and in the afternoon. Read and find. Mike and Helen are helping their parents. Let's read the story and find out. You can use these sentences to ask and answer. Look and say. There is another person in Mike's family. Step 3 Consolidation Let's read. Let's retell. Emotion education. Brainstorm Group work Step 4 Homework 1. Read the Story time and try to retell it. 2. Write what you and your classmates are doing in the photos.	—	—

表 2-12 实验组教师的教学反思

<table>
<tr><td>学校</td><td>J 学校</td><td>教师</td><td>W 老师</td><td>年级</td><td>五</td><td>学科</td><td>英语</td></tr>
<tr><td>课题</td><td colspan="5">5B Unit 5 Helping our parents</td><td>课时</td><td>1</td></tr>
<tr><td>教材简析</td><td colspan="7">本课为译林版《英语》教材五年级下册第五单元的第一课时。通过 Mike 的视角展现了 Mr Brown 一家周末的日常生活。描述了父母在做家务，孩子们如何参与帮助的情景，同时引入语法“现在进行时”，帮助学生掌握该语法。让学生学习完本课之后，懂得为人父母的不容易，家庭的每个成员都要承担家务。</td></tr>
<tr><td>教学目标</td><td colspan="7">语言能力：通过本节课学习，学生会读、理解、运用单词 parent、clean、cook、sweep、busy、wash 等。
文化意识：学生能主动帮助父母承担力所能及的家务。
思维品质：培养学生高阶思维能力。
学习能力：通过本节课学习，学生能够掌握核心句型 What are you/they doing? What is he/she doing? 的用法及回答。</td></tr>
<tr><td>教学重难点</td><td colspan="7">教学重点：通过本节课学习，学生能初步运用句型 What are you/they doing? What is he/she doing? 及其回答 I am/We/They are/He/She is doing ...
教学难点：能借助课文，初步感知现在进行时的特殊疑问句和肯定句。</td></tr>
<tr><td colspan="8">准备问题
(Prepare Questions)</td></tr>
<tr><td colspan="8">Who is he?
What is the big head son doing?
What is she doing?
What is he doing?
Who are they?
What are they doing?
What is Helen doing?
What about Mike?
What are their parents doing in the morning?
What are their parents doing in the afternoon?
What are Tim and Jim doing in the afternoon?
Can you summarize what Tim is like? Clever?
So what kind of boy is Tim?
If you are Tim, what should you do to help your parents?
Who can be the reader? Let's read after the tape.
Let's read one by one. Who can be the first one?
Who can use two ways to retell the story?
Who can try? Which group (can share in the front)?
Do you usually help your parents do some housework?
What can you do by your age?</td></tr>
</table>

教学过程		
教学步骤	提出问题 (Present Questions)	处理回应 (Process Responses)
Step 1 Lead in Enjoy a video, and then answer some questions.	T: Who is he? Ss: He is the big head son (大头儿子). T: What is the big head son doing? Ss: He is doing the housework.	T: Yes, he is a cute cartoon character. T: He is helping his parents do some housework.
Look and say. Say something about these pictures.	T: What is she doing? S1: She is cooking. S2: She is watching TV. T: What is he doing? S3: He is cleaning the car. S4: He is sweeping the floor. T: What are they doing? S5: They are washing the dishes.	T: Good job. T: Good! T: Great! T: Wonderful! T: Perfect!
Work in pairs.	T: Please use the sentence patterns to make a dialogue. Ss: OK.	T: Let's invite some pairs to show your dialogue.
Step 2 Story time Look and answer.	T: Look at the picture. Who are they? S: They are Mike and Helen.	T: Yes, they're Mike and Helen.
Watch and answer.	T: What are they doing on Saturday morning? S: Helping their parents.	T: So, we can choose B.
Listen and choose. Look at the four pictures, Mike and Helen are doing these things to help their parents.	T: Let's know these phrases, and say them together. Ss: (说出这些词组)	T: OK, so let's know more about the story.

续表

Look and say. We know Mike and Helen are doing different things in the morning and in the afternoon.	T：What are Mike and Helen doing? S1：Mike is cleaning the car. S2：Helen is sweeping the floor. S3：Mike is cleaning the table. S4：Helen is washing the dishes.	T：根据学生的回答板书。
Read and find. Mike and Helen are helping their parents. Let's read the story and find out. You can use these sentences to ask and answer.	T：Can you look at the pictures and try to use these sentence patterns to describe it? S1：Mike is helping their parents. He is helping his father clean the car in the morning and clean the table in the afternoon. S2：Helen is helping her parents sweep the floor in the morning and wash the dishes in the afternoon. T：What are their parents doing? S1：In the morning，father is cleaning the car and mother is cooking breakfast. S2：In the afternoon，mother is cooking dinner.	T：整合学生的回答。 Mike and Helen help their parents do so much housework. T：根据学生的回答整合板书。 You get the information. Great!
Look and say. There is another person in Mike's family.	T：Who is he? Is he helping their parents too? S：Tim. No，he isn't. T：What is Tim doing in the morning? S：He is sleeping and Ben，the dog is sleeping too. T：In the afternoon，Jim comes. What are Tim and Jim doing? S：They are eating fruit and watching TV.	T：Tim doesn't do anything at home? Do you have different ideas? T：So what kind of boy is Tim?

续表

	T：Can you summarize what Tim is like? Clever? S1：He is clever. Everyone is doing the housework. He doesn't need to do the housework. S2：I don't think so. S2：He is lazy. S2：Because his parents are buzy, but he doesn't help his parents. S2：I can wash the dishes.	T：Why? T：If you are Tim, what should you do to help your parents? T：You are a good boy.
Step 3 Consolidation Let's read. Let's retell. Emotion education.	T：Do you usually help your parents do some housework? Ss：Yes. /No. T：What can you do by your age? S1：I can clean the table. S2：I can wash the dishes.	T：What do you usually do? T：Most of you help parents do the housework. I think we should help our parents do the housework and love each other.
Brainstorm	S3：I can make a cake for my mom. S4：I usually help my father take care of his pet bird.	T：We can do what we can for our parents, no matter how big or small it is. T：Thank you for your sharing.
Group work	T：How about you? What are you doing to help our parents? Please talk in groups. Ss：小组汇报分享	
Step 4 Homework Read the Story time and try to retell it. Write what you and your classmates are doing in the photos.		

续表

新生成的问题	随 感
学生对"What can you do by your age?"这个问题会有很多不同的解答，有学生认为学习很忙，没有时间帮助父母做家务，也有学生动手能力很强，可以完成很多力所能及的家务。	通过本节课的学习，学生能认识到每个家庭的发展都离不开家庭成员的分工协作。互助互爱，家庭才能幸福。作为家庭的一分子，我们年龄虽小，但是在家庭中的分量很大，每个人都可以成为"a little helper".

具体教学实验在 2023 年上半年进行，从开学后的第 2 教学周开始。每个班级均接受 12 周的教学任务，每周 1 节英语课，实验组的教案由笔者提供，控制组采用以往的教案，实验组与控制组教师之间均无法获得对方的教案。为保证教学班级之间不会互相交流、不会对研究结果造成影响，经过与学校的沟通与协调，保证 4 位教师在同一时间进行授课。

此外，笔者对 4 位教师的每一节课都进行了录像，共获得了 48 节完整的课程录像。笔者共邀请了 24 位一线小学英语教师，采用了教师提问与回答方式课堂观察量表对课程录像并进行了观察记录。为保证对教师提问和理答方式理解的一致性，本研究采用了交叉评分法，即每位教师实录 2 节课，每节课由 2 位教师独立实录。在全部实录完成之后，对评价同一节课的 2 位教师的观察量表结果进行了对比，如果完全一致，则确认实录有效；如果出现不一致的情况，则由笔者参与讨论并最终确定。由此，共获得了 96 份原始的课堂观察量表记录和 48 份最终的课堂观察量表记录。

3. 后测

经过 12 周教学之后，在期末考试之前，采用思维品质后测问卷，对参与教学实验的 4 个班级进行思维品质后测，并根据研究问题，运用 SPSS 26.0 统计分析软件，对相关班级前、后测成绩及不同班级的后测成绩进行对比分析，以确认其是否有显著性差异。相关研究结果将在第三、四、五章加以介绍。

第三章　课堂提问 3P 模式对学生思维品质的培养效果分析

实验研究结果表明，相较于对照班，实验班学生的培养效果更为明显；同时相较于新手型教师，熟手型教师对课堂提问 3P 模式的运用效果更为突出。本章将详细介绍相关的研究结果。

一、课堂提问 3P 模式对小学生思维品质的培养结果

1. 后测的正态性检验与方差分析

为保证数据分析方法的正确性，需要检验学生思维品质后测的成绩是否符合正态分布。因此，本研究首先对所有班级的后测成绩进行正态性检验。数据分析软件采用 SPSS 26.0，由于每个班级的学生人数均超过 50 人，本研究采用了柯尔莫戈洛夫-斯米诺夫检验法来检验每个班级的测试成绩是否符合正态分布。分析结果表明，所有班级的后测成绩均符合正态分布（$p>0.05$），后测成绩正态性检验结果见表 3-1。由表 3-1 结果，结合第二章的前测正态分布可见，参与研究的 4 个班级的前测和后测成绩均符合正态分布，符合进一步方差分析的要求。

需要说明的是，本研究中的 p 值采用以下标准：以 $p<0.05$ 为有统计学差异，$p<0.01$ 为有显著的统计学差异，$p<0.001$ 为有极其显著的统计学差异。

表 3-1　后测成绩正态性检验

班级		柯尔莫戈洛夫-斯米诺夫（V）[a]			夏皮洛-威尔克		
		统计	自由度	显著性	统计	自由度	显著性
后测	1	0.092	63	0.200*	0.940	63	0.004
	2	0.083	54	0.200*	0.962	54	0.085

续表

班级		柯尔莫戈洛夫-斯米诺夫（V）[a]			夏皮洛-威尔克		
		统计	自由度	显著性	统计	自由度	显著性
后测	3	0.102	51	0.200*	0.959	51	0.073
	4	0.087	62	0.200*	0.950	62	0.014

注：*. 真显著性的下限；a. 里利氏显著性修正。

以学生思维品质后测成绩为因变量，以熟练程度和提问方式为自变量，采用两因素方差分析对熟练程度和提问策略的主效应、熟练程度与提问策略之间的交互效应进行了检验（表 3-2 和表 3-3）。

表 3-2　对后测成绩的两因素方差分析描述统计结果

熟练程度	提问策略	平均值	标准偏差	个案数/个
熟练	3P 模式	133.54	20.978	63
	原来的方式	125.00	17.235	54
	总计	129.65	19.783	117
新手	3P 模式	124.14	17.797	51
	原来的方式	116.15	16.889	62
	总计	119.75	17.683	113
总计	3P 模式	129.34	20.101	114
	原来的方式	120.31	17.621	116
	总计	124.79	19.385	230

表 3-3　后测成绩两因素方差分析的主体间效应检验结果

源	Ⅲ类平方和	自由度	均方	*F*	显著性
修正模型	9500.736[a]	3	3166.912	9.349	0.000
截距	3549655.679	1	3549655.679	10479.191	0.000
熟练程度	4809.750	1	4809.750	14.199	0.000
提问策略	3861.044	1	3861.044	11.398	0.001
熟练程度 * 提问策略	3.162	1	3.162	0.009	0.923
误差	76553.825	226	338.734	—	—

续表

源	Ⅲ类平方和	自由度	均方	*F*	显著性
总计	3667565.000	230	—	—	—
修正后总计	86054.561	229	—	—	—

注：a. *R* 方=0.110（调整后 *R* 方=0.099）。

由表 3-3 可见，提问策略的主效应显著，$F(1, 229)=11.398$，$p<0.01$；熟练程度的主效应极其显著，$F(1, 229)=14.199$，$p<0.001$；熟练程度与提问策略之间的交互效应不显著。

结合图 3-1 和表 3-2，提问策略的主效应显著，即“3P（实验班）和原来的方式（对照班）后测成绩之间存在显著差异”，这表明 3P 模式对学生思维品质的发展具有显著的促进作用。其中，采用 3P 模式进行教学的 2 个班级在后测中的平均分为 129.34±20.101，采用原来的提问策略进行教学的 2 个班级在后测中的平均分为 120.31±17.621，平均分存在显著差异，$F(1, 229)=11.398$，$p<0.01$。

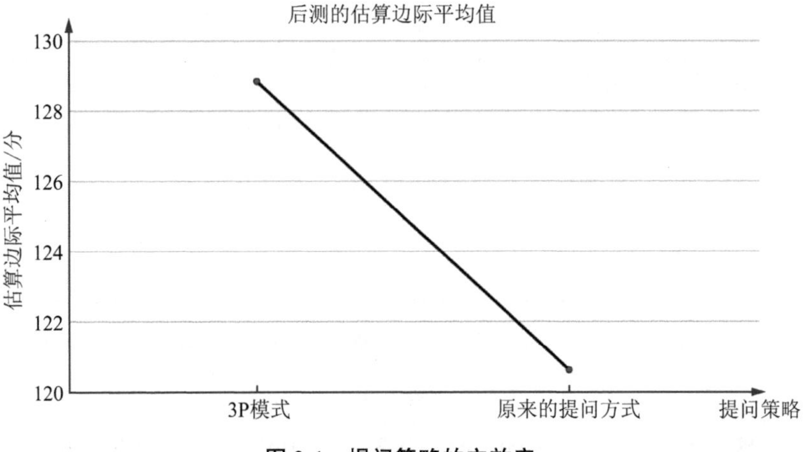

图 3-1 提问策略的主效应

结合图 3-2 和表 3-2，熟练程度的主效应极其显著，这表明熟练程度高的教师对学生思维品质的进阶与发展具有更加显著的促进作用。其中，由熟手型教师执教的 2 个班级在后测中的平均分为 129.65±19.783，由新手型教师执教的 2 个班级在后测中的平均分为 119.75±17.683，平均分存在显著差异，$F(1, 229)=14.199$，$p<0.001$。

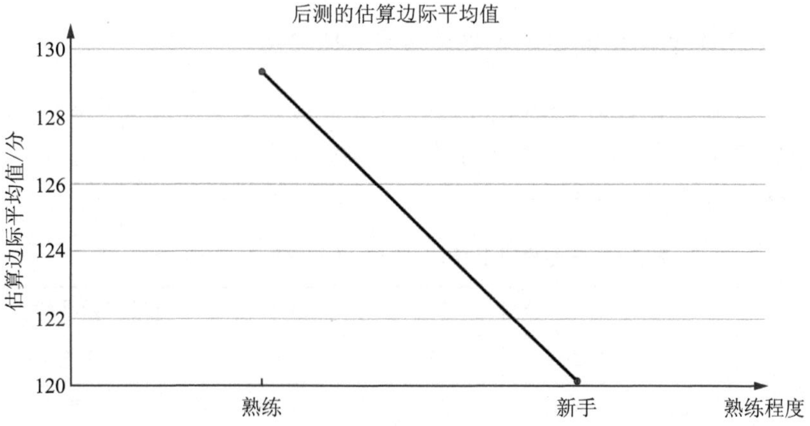

图 3-2　熟练程度的主效应

为了检验参与研究的不同班级在后测成绩方面的差异，笔者采用了多重比较事后检验对班级成绩之间的差异进行了两两比较，结果见表 3-4。

表 3-4　后测成绩的多重比较结果

	(I) 班级	(J) 班级	平均值差值 (I-J)	标准错误	显著性	95%置信区间	
						下限	上限
LSD	1	2	8.463*	3.413	0.014	1.74	15.19
		3	9.418*	3.467	0.007	2.59	16.25
		4	17.410*	3.292	0.000	10.92	23.90
	2	1	−8.463*	3.413	0.014	−15.19	−1.74
		3	0.955	3.594	0.791	−6.13	8.04
		4	8.947*	3.426	0.010	2.20	15.70
	3	1	−9.418*	3.467	0.007	−16.25	−2.59
		2	−0.955	3.594	0.791	−8.04	6.13
		4	7.992*	3.479	0.023	1.14	14.85
	4	1	−17.410*	3.292	0.000	−23.90	−10.92
		2	−8.947*	3.426	0.010	−15.70	−2.20
		3	−7.992*	3.479	0.023	−14.85	−1.14

注：*. 平均值差值的显著性水平为 0.05。

2. 实验班与对照班总体培养结果对比分析

为了确认在教学实验研究前后学生的思维品质是否得到了提升，笔者通过配对样本 t 检验，对所有学生思维品质前测与后测成绩进行了比较分析，结果见表 3-5。

表 3-5　学生思维品质前测与后测成绩配对样本统计

		平均值/分	个案数/个	标准偏差	标准误差平均值
配对 1	前测	112. 90	230	20. 999	1. 385
	后测	124. 79	230	19. 385	1. 278

表 3-6　学生思维品质前测与后测成绩配对样本检验

		平均值/分	标准偏差	配对差值标准误差平均值	差值 95% 置信区间		t	自由度	Sig.（双尾）
					下限	上限			
配对 1	前测与后测	-11. 887	22. 159	1. 461	-14. 766	-9. 008	-8. 136	229	0. 000

从表 3-5 和表 3-6 的数据可以看出，较之前测成绩，学生思维品质的后测成绩有了显著提升，t（1，229）$=-8.136$，$p=0.000<0.001$。

此外，为检验实验班和对照班在教学研究前后的思维品质成绩是否都得到了显著提升，笔者分别对实验班和对照班的前后测成绩进行了配对样本 t 检验。结果显示，实验班后测成绩显著高于前测成绩，t（1，113）$=-4.623$，$p=0.000<0.001$，如表 3-7 和表 3-8 所示；对照班后测成绩显著高于前测成绩，t（1，115）$=-3.390$，$p=0.001<0.01$，如表 3-9 和表 3-10 所示。

表 3-7　实验班前测与后测成绩配对样本统计

		平均值/分	个案数/个	标准偏差	标准误差平均值
配对 1	前测	119. 28	114	21. 703	2. 033
	后测	129. 69	114	19. 229	1. 801

表 3-8　实验班前测与后测成绩配对样本检验

		平均值/分	标准偏差	配对差值标准误差平均值	差值 95%置信区间		t	自由度	Sig.（双尾）
					下限	上限			
配对 1	前测与后测	−10. 412	24. 046	2. 252	−14. 874	−5. 950	−4. 623	113	0. 000

表 3-9　对照班前测与后测成绩配对样本统计

		平均值/分	个案数/个	标准偏差	标准误差平均值
配对 1	前测	114. 26	116	21. 915	2. 035
	后测	120. 48	116	18. 244	1. 694

表 3-10　对照班前测与后测成绩配对样本检验

		平均值/分	标准偏差	配对差值标准误差平均值	差值 95%置信区间		t	自由度	Sig.（双尾）
					下限	上限			
配对 1	前测与后测	−6. 224	19. 776	1. 836	−9. 861	−2. 587	−3. 390	115	0. 001

结合图 3-1、表 3-2、表 3-7 至表 3-10，提问策略的主效应显著，也就是说 3P 模式（实验班）的后测成绩显著高于原来的方式（对照班），F（1，229）= 11. 398，p<0. 01，这表明课堂提问 3P 模式对学生思维品质的发展具有更加显著的促进作用。其中，采用课堂提问 3P 模式进行教学的 2 个班级在后测中的平均分为 129. 34±20. 101，采用原来的提问方式进行教学的 2 个班级在后测中的平均分为 120. 31±17. 621。

3. 新手实验班与对照班培养结果对比分析

结合表 3-2 和表 3-4，结果表明，新手实验班与新手对照班的后测成绩之间存在差异，后测成绩高于前测成绩，p = 0. 023<0. 05。这说明作为新手型教师，采用课堂提问 3P 模式比采用原来的提问方式能更有效地促进学生思维品质的发展。

为确认新手型教师班级学生在教学实验前后思维品质是否得到了提升，笔者对新手型教师实验班级和新手型教师对照班级学生的前测与后测成绩进行了单独的配对样本 t 检验。

由表 3-11 可见，新手实验班思维品质的前测与后测成绩差异显著，后测成绩显著高于前测成绩，$t(1, 50) = -2.737$，$p = 0.009 < 0.01$，其中平均值差异为-11.667 ± 30.443。这表明新手型教师采用课堂提问 3P 模式，学生的思维品质得到了显著的提高。

表 3-11　新手实验班思维品质前测与后测成绩配对样本检验

		平均值/分	标准偏差	配对差值标准误差平均值	差值 95%置信区间		t	自由度	Sig.（双尾）
					下限	上限			
配对 1	前测与后测	-11.667	30.443	4.263	-20.229	-3.104	-2.737	50	0.009

由表 3-12 可见，新手对照班思维品质前测与后测成绩无显著差异，$t(1, 61) = -1.168$，$p = 0.247 > 0.05$，其中平均值差异为-4.597 ± 30.998。这表明新手型教师采用原来的提问方式时，学生的思维品质虽然也得到了一定的提升，但是并没有统计学上的差异。

表 3-12　新手对照班思维品质前测与后测成绩配对样本检验

		平均值/分	标准偏差	配对差值标准误差平均值	差值 95%置信区间		t	自由度	Sig.（双尾）
					下限	上限			
配对 1	前测与后测	-4.597	30.998	3.937	-12.469	3.275	-1.168	61	0.247

4. 熟手实验班与对照班培养结果对比分析

结合表 3-2 和表 3-4，结果表明：熟手实验班后测成绩高于熟手对照班的后测成绩，平均值差值为 8.463，标准误为 3.413，$p = 0.014 < 0.05$。这说明作为熟手型教师，采用课堂提问 3P 模式能更有效地促进学生思维品质的发展与进阶。

为考查熟手型教师班级学生在教学研究前后思维品质是否得到了提升，笔者对熟手型教师实验班级和熟手型教师对照班级学生的前测与后测成绩进行了单独的配对样本 t 检验。

由表 3-13 可见，熟手实验班思维品质的（前测与后测）成绩差异显著，后测成绩显著高于前测成绩，t（1，62）= −5. 494，$p=0.000<0.05$，其中平均值差异为−19. 984±28. 872。这表明在熟手型教师采用课堂提问 3P 模式，学生的思维品质得到了显著的提升。

表 3-13　熟手实验班思维品质前测与后测成绩配对样本检验

		平均值/分	标准偏差	配对差值标准误差平均值	差值 95%置信区间		t	自由度	Sig.（双尾）
					下限	上限			
配对 1	前测与后测	−19. 984	28. 872	3. 637	−27. 255	−12. 713	−5. 494	62	0. 000

由表 3-14 可见，熟手对照班思维品质的前测与后测成绩差异显著，后测成绩显著高于前测成绩，t（1，53）= −3. 330，$p=0.002<0.01$，其中平均值差异为−10. 907±24. 069。这表明熟手型教师采用原来的提问方式时，学生的思维品质虽然也得到了一定的提升，但是这种提升幅度明显低于熟手实验班。

表 3-14　熟手对照班思维品质前测与后测成绩配对样本检验

		平均值/分	标准偏差	配对差值标准误差平均值	差值 95%置信区间		t	自由度	Sig.（双尾）
					下限	上限			
配对 1	前测与后测	−10. 907	24. 069	3. 275	−17. 477	−4. 338	−3. 330	53	0. 002

二、熟手与新手教师课堂提问 3P 模式效果比较分析

1. 熟手与新手实验班培养结果对比分析

结合表 3-2 和表 3-4，结果表明：熟手实验班与新手实验班的后测成绩之间存在显著性差异，平均值差值为 9. 418，标准误为 3. 467，$p=0.007<0.05$；这说明即使都采用课堂提问 3P 模式，熟手型教师比新手型教师能更有效地促进学生思维品质的发展与进阶。

2. 熟手与新手对照班培养结果对比分析

结合表 3-2 和表 3-4，结果表明：熟手对照班与新手对照班的后测成绩之间存在显著性差异，平均值差值为 8.947，标准误为 3.426，$p=0.010<0.05$。这说明如果都采用原来的提问模式，熟手型教师比新手型教师能更有效地促进学生思维品质的发展与进阶。

3. 熟手对照班与新手实验班培养结果对比分析

结合表 3-2 和表 3-4，结果表明：熟手对照班与新手实验班的后测成绩之间不存在显著性差异，平均值差值为 0.955，标准误为 3.594，$p=0.791>0.05$。这说明如果新手型教师学会采用课堂提问 3P 模式进行教学，不仅可以抵消掉熟手型教师在经验方面的优势，也能够在很大程度上促进学生思维品质的发展。

4. 熟手实验班与新手对照班培养结果对比分析

结合表 3-2 和表 3-4，结果表明：熟手实验班与新手对照班的后测成绩之间存在极其显著性差异，平均值差值为 17.410，标准误为 3.292，$p=0.000<0.05$；这说明如果熟手型教师采用课堂提问 3P 模式进行教学，比新手型教师仅采用原来的提问模式进行教学，能在最大程度上促进学生思维品质的发展。

三、熟手与新手教师课堂提问 3P 模式效果差异分析

尽管新手型教师与熟手型教师在运用课堂提问 3P 模式时均能显著提升学生的思维品质，但二者实施课堂提问 3P 模式的效果是否有差异，如果有差异，是因为哪些原因，还有待进一步分析。笔者比较两类教师在课堂提问类型、叫答方式、候答方式及理答方式方面的差异，整体呈现课堂提问偏好与课堂教学问题，以期为不同教龄的教师的发展提供依据。

1. 新手型教师和熟手型教师提问类型差异

本研究采纳了布鲁姆提出的教育目标分类理论，将教育目标划分为

认知、情感及动作技能三个主要领域。在认知领域内，布鲁姆进一步细分出六个层次，形成一个由低阶到高阶的层级结构，依次包括记忆、理解、应用、分析、评价与创造。这一分层体系旨在映射学生对知识的掌握程度及其认知能力的提升状况。在小学英语课堂提问的语境中，教师应依据教学目标与学生的学业水平，设计适宜的认知层次问题，以促进学生思维品质的提升。鉴于此，本研究在对教师课堂提问类型进行分析时，以布鲁姆的教育目标分类理论作为理论框架，通过科学建构问题的层次结构，全面覆盖从记忆、理解、应用到分析、评价、创造的认知活动层级，确保研究过程中问题设计的系统性与递进性。布鲁姆教育目标分类理论的每个层次都是基于前一层次的能力构建，形成递进式的教育目标架构，不仅为指导教师在提问技巧上提供了设计思路，也为评估和优化学生的认知发展提供了有效的指标。在目前的小学英语课堂提问中，记忆型问题主要考查学生对相关内容的记忆，学生通过回忆所学知识即可得到问题的答案，这类问题侧重于对已有经验和知识的再现。理解型问题要求学生在记忆知识的基础上，通过对所学内容进行分析、解释、转换等思维加工，将知识内化为自身的理解，从而得出答案。应用型问题是学生在掌握知识的基础上，运用已有的知识和技能去解决实际问题。这类问题，能促使学生更深入地参与学习过程，实现知识与技能的具体应用。分析型问题不仅要求学生透彻理解知识，还需要他们把握知识背后的逻辑关系与教育导向。解决分析性问题是培养学生创新思维的重要基础。小学英语教师可通过设计评价型问题，了解学生的判断水平与标准，进而培养学生的批判性思维能力。在设计创造性问题时，教师可通过针对性提问，引导学生将现有知识与新问题相结合，构建完整的知识体系，并综合运用学习成果解决问题。这一过程不仅能提升学生的问题解决能力，还能有效培养其创新能力。

本研究采用自行设计的教师提问类型观察量表，对新手型教师与熟手型教师在教学过程中使用的提问类型及其对学生思维品质的影响进行了系统的观察和统计分析（表 3-15）。

表 3-15 熟手型教师与新手型教师提问类型统计表

课次	类型	提问策略	项目	记忆型	理解型	应用型	分析型	评价型	创造型
1	熟手	3P 模式	提问数量/个	6	9	3	2	1	1
			占比/%	27. 27	40. 91	13. 64	9. 09	4. 55	4. 55
		原来的提问方式	提问数量/个	6	10	5	1	0	0
			占比/%	27. 27	45. 45	22. 73	4. 55	0. 00	0. 00
	新手	3P 模式	提问数量/个	13	4	4	1	0	0
			占比/%	59. 09	18. 18	18. 18	4. 55	0. 00	0. 00
		原来的提问方式	提问数量/个	14	4	3	1	0	0
			占比/%	63. 64	18. 18	13. 64	4. 55	0. 00	0. 00
2	熟手	3P 模式	提问数量/个	7	10	4	2	1	0
			占比/%	29. 17	41. 67	16. 67	8. 33	4. 17	0. 00
		原来的提问方式	提问数量/个	7	10	3	2	1	1
			占比/%	29. 17	41. 67	12. 50	8. 33	4. 17	4. 17
	新手	3P 模式	提问数量/个	13	4	4	2	1	0
			占比/%	54. 17	16. 67	17. 00	8. 33	4. 00	0. 00
		原来的提问方式	提问数量/个	14	4	4	1	1	0
			占比/%	58. 33	16. 67	17	4. 17	4. 00	0. 00
3	熟手	3P 模式	提问数量/个	5	8	2	2	1	0
			占比/%	28. 00	44. 44	11. 11	11. 11	5. 56	0. 00
		原来的提问方式	提问数量/个	4	9	2	1	1	1
			占比/%	22. 00	50. 00	11. 11	5. 56	5. 56	5. 56
	新手	3P 模式	提问数量/个	10	3	4	1	0	0
			占比/%	55. 56	16. 67	22. 00	5. 56	0. 00	0. 00
		原来的提问方式	提问数量/个	11	2	4	1	0	0
			占比/%	61. 11	11. 11	22. 00	5. 56	0. 00	0. 00

续表

课次	类型	提问策略	项目	记忆型	理解型	应用型	分析型	评价型	创造型
4	熟手	3P 模式	提问数量/个	6	9	3	2	1	0
			占比/%	28. 57	42. 86	14. 29	9. 52	4. 76	0. 00
		原来的提问方式	提问数量/个	5	10	4	1	1	0
			占比/%	23. 81	47. 62	19. 05	4. 76	4. 76	0. 00
	新手	3P 模式	提问数量/个	12	4	3	2	1	0
			占比/%	57. 14	19. 05	14. 29	4. 76	4. 76	0. 00
		原来的提问方式	提问数量/个	11	4	4	1	1	0
			占比/%	52. 38	19. 05	19. 05	4. 76	4. 76	0. 00
5	熟手	3P 模式	提问数量/个	7	10	5	1	0	0
			占比/%	30. 43	43. 48	21. 74	4. 35	0. 00	0. 00
		原来的提问方式	提问数量/个	6	11	5	1	0	0
			占比/%	26. 09	47. 83	21. 74	4. 35	0. 00	0. 00
	新手	3P 模式	提问数量/个	13	5	4	1	0	0
			占比/%	56. 52	21. 74	17. 39	4. 35	0. 00	0. 00
		原来的提问方式	提问数量/个	12	6	4	1	0	0
			占比/%	52. 17	26. 09	17. 39	4. 35	0. 00	0. 00
6	熟手	3P 模式	提问数量/个	7	10	3	1	1	0
			占比/%	32. 00	45. 45	13. 64	4. 55	4. 55	0. 00
		原来的提问方式	提问数量/个	6	10	4	2	0	0
			占比/%	27. 00	45. 45	18. 18	9. 09	0. 00	0. 00
	新手	3P 模式	提问数量/个	12	6	3	1	0	0
			占比/%	54. 55	27. 27	13. 64	4. 55	0. 00	0. 00
		原来的提问方式	提问数量/个	10	6	5	1	0	0
			占比/%	45. 45	27. 27	22. 73	4. 55	0. 00	0. 00

续表

课次	类型	提问策略	项目	记忆型	理解型	应用型	分析型	评价型	创造型
7	熟手	3P 模式	提问数量/个	6	10	4	3	0	0
			占比/%	26.09	43.48	17.39	13.04	0.00	0.00
		原来的提问方式	提问数量/个	6	10	4	3	0	0
			占比/%	26.09	43.48	17.39	13.04	0.00	0.00
	新手	3P 模式	提问数量/个	11	7	4	1	0	0
			占比/%	47.83	30.43	17.39	4.35	0.00	0.00
		原来的提问方式	提问数量/个	11	6	5	1	0	0
			占比/%	47.83	26.09	21.74	4.35	0.00	0.00
8	熟手	3P 模式	提问数量/个	4	10	4	3	0	0
			占比/%	19.05	47.62	19.05	14.29	0.00	0.00
		原来的提问方式	提问数量/个	5	9	4	3	0	0
			占比/%	24.00	42.86	19.05	14.29	0.00	0.00
	新手	3P 模式	提问数量/个	10	7	3	1	0	0
			占比/%	47.62	33.33	14.29	4.76	0.00	0.00
		原来的提问方式	提问数量/个	11	7	3	0	0	0
			占比/%	52.38	33.33	14.29	0.00	0.00	0.00
9	熟手	3P 模式	提问数量/个	4	8	6	2	0	0
			占比/%	20.00	40.00	30.00	10.00	0.00	0.00
		原来的提问方式	提问数量/个	7	7	4	2	0	0
			占比/%	35.00	35.00	20.00	10.00	0.00	0.00
	新手	3P 模式	提问数量/个	8	7	4	1	0	0
			占比/%	40.00	35.00	20.00	5.00	0.00	0.00
		原来的提问方式	提问数量/个	10	6	3	1	0	0
			占比/%	50.00	30.00	15.00	5.00	0.00	0.00

续表

课次	类型	提问策略	项目	记忆型	理解型	应用型	分析型	评价型	创造型
10	熟手	3P 模式	提问数量/个	4	9	6	3	0	0
			占比/%	18. 18	40. 91	27. 27	13. 64	0. 00	0. 00
		原来的提问方式	提问数量/个	5	11	5	1	0	0
			占比/%	22. 73	50. 00	22. 73	4. 55	0. 00	0. 00
	新手	3P 模式	提问数量/个	6	9	5	2	0	0
			占比/%	27. 27	41. 00	22. 73	9. 09	0. 00	0. 00
		原来的提问方式	提问数量/个	6	9	4	3	0	0
			占比/%	27. 27	40. 91	18. 18	13. 64	0. 00	0. 00
11	熟手	3P 模式	提问数量/个	5	10	4	4	0	0
			占比/%	21. 74	43. 48	17. 39	17. 39	0. 00	0. 00
		原来的提问方式	提问数量/个	5	11	4	3	0	0
			占比/%	21. 74	47. 83	17. 39	13. 04	0. 00	0. 00
	新手	3P 模式	提问数量/个	6	10	5	2	0	0
			占比/%	26. 09	43. 48	21. 74	8. 70	0. 00	0. 00
		原来的提问方式	提问数量/个	5	11	5	2	0	0
			占比/%	21. 74	47. 83	21. 74	8. 70	0. 00	0. 00
12	熟手	3P 模式	提问数量/个	4	10	6	4	0	0
			占比/%	16. 67	41. 67	25. 00	16. 67	0. 00	0. 00
		原来的提问方式	提问数量/个	6	11	4	3	0	0
			占比/%	25. 00	45. 83	16. 67	12. 50	0. 00	0. 00
	新手	3P 模式	提问数量/个	6	11	5	2	0	0
			占比/%	25. 00	45. 83	20. 83	8. 33	0. 00	0. 00
		原来的提问方式	提问数量/个	5	12	5	2	0	0
			占比/%	20. 83	50. 00	20. 83	8. 33	0. 00	0. 00

由图 3-3 和图 3-4 可知，随着教学研究的不断推进，采用 3P 模式进行教学的熟手型教师采用应用型和分析型的百分比有所提高，采用记忆型的百分比逐步下降，采用理解型的百分比基本不变，采用评价型、创造型的提问类型占比极少。而采用 3P 模式进行教学的新手型教师采用理解型的百分比逐步提高，采用记忆型的百分比逐步下降，采用应用型和分析型的百分比几乎不变，同样，新手型教师几乎不采用评价型和创造型的提问类型。

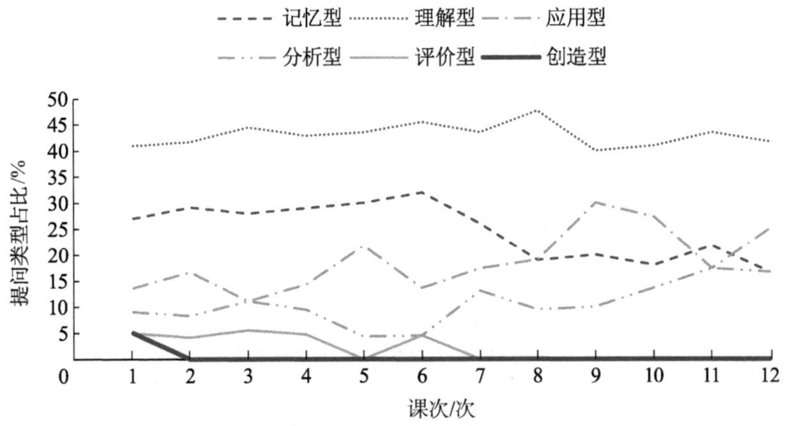

图 3-3　熟手型教师采用课堂提问 3P 模式的提问类型

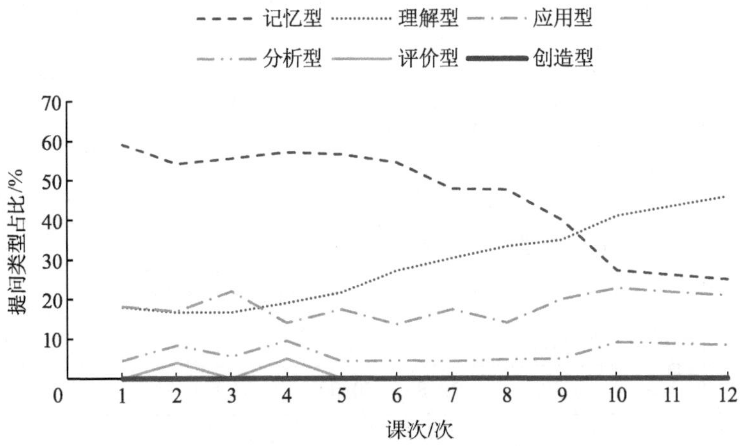

图 3-4　新手型教师采用课堂提问 3P 模式的提问类型

在课堂观察新手型教师和熟手型教师提问类型的基础之上，本研究采访了新手型教师和熟手型教师对课堂提问 3P 模式提问类型的理解与实施。

其一是新手型教师和熟手型教师课堂提问中评价型和创造型问题类型的缺乏。统计分析表明，在课堂提问 3P 模式运用中，无论是新手型教师还是熟手型教师，几乎都没有触及评价型和创造型问题。这一现象主要归因于小学英语学科的特性，小学生的英语语言水平有限，教师倾向于提出主要集中在记忆和理解层面的、较为简单的问题。① 这表明在英语教学中，学生语言水平限制了教师提问问题的类型。

其二是新手型教师倾向于记忆型问题，而熟手型教师倾向于理解型问题。新手型教师偏好于提出记忆型问题，认为这类问题的答案容易在书中找到，学生能够较容易地给出答案，这对于课堂活动的顺利进行有利。这种差异反映了新手型教师与熟手型教师在教学策略上的不同取向，造成他们对于课堂提问目的理解上的差异。②

其三是熟手型教师比新手型教师更倾向于提出开放式的理解型问题，或者将记忆型的封闭式问题与理解型的开放式问题相结合。他们认为，封闭式问题有助于学生对教材的理解，而开放式问题则能够激发学生的思考。结合这两种类型的问题，可以让学生在理解教材的基础上进一步思考，有助于培养学生的批判性思维和创新性思维。③ 这一策略的运用展示了熟手型教师更加注重在教学过程中通过提问促进学生高阶思维能力的发展。

下面是课堂提问 3P 模式下实验组熟手型教师与实验组新手型教师课堂提问类型的具体案例，其中熟手实验组教师教授五（4）班，新手实验组教师教授五（5）班。选择译林版《英语》教材五年级下册 Unit 5 Helping our parents（第一课时）。该单元主要围绕帮助父母做家务这一主题，其中一个教学任务是要求学生根据板书的呈现复述课文内容。

---

① Wong, R. Classifying teacher questions in EFL classrooms: Question types and their proper use [J]. *TESOL in Context*, 2010, 20 (1): 37-57.

② Salerno, A. S. & Kibler, A. K. Questions they ask: Considering teacher-inquiry questions posed by pre-service English teachers [J]. *Educational Action Research*, 2015, 23 (3): 399-415.

③ 廖光蓉，周瑜焜. 小学英语教师课堂提问能力的培养 [J]. 当代教育理论与实践，2022，14 (4): 127-131.

熟手实验组课堂提问：

T：Look at the mindmap on the blackboard. What's Mike doing in the morning and in the afternoon?

S：He is helping his father clean the car in the morning and clean the table in the afternoon.

T：What about Helen?

S：Helen is helping her parents sweep the floor in the morning and wash the dishes in the afternoon.

T：Great. Mike and Helen help their parents do so much housework. Who is he? Is he helping their parents too?

S：He's Tim. He isn't helping their parents.

T：So what's he doing in the morning and in the afternoon?

S：He's sleeping in the morning and he's eating fruit and watching TV in the afternoon.

T：So in your opinion, what's Tim like? Is he clever?

S1：He is clever. Everyone is doing the housework. He doesn't need to do the housework.

S2：I don't think so. He is lazy. Because his parents are busy, but he doesn't help his parents.

T：If you are Tim, what should you do to help your parents?

S3：I should wash the dishes.

T：You are a good boy.

新手实验组课堂提问：

T：What's Mike doing in the morning?

S：He's cleaning the car.

T：What's Mike doing in the afternoon?

S：He's cleaning the table.

T：What's Helen doing in the morning?

S：She's sweeping the floor.

T：What's Helen doing in the afternoon?

S：She's washing the dishes.

T：What about Tim？ What's he doing in the morning and in the afternoon？

S：He's sleeping in the morning and eating fruit in the afternoon.

通过对比实验组熟手型教师和实验组新手型教师的课堂提问，我们可以清晰地观察到两者在提问类型上的显著差异。熟手型教师的提问更为开放，不仅询问学生对课文内容的理解，还进一步深化学生思维，让学生对角色进行评价，如“你认为蒂姆是个怎样的人？”此外，熟手型教师还提出了创造型问题，让学生置身于角色之中，思考如果是自己会如何行动。这样的开放式提问鼓励学生进行深入思考和展开想象，培养其批判性和创新性思维。而新手型教师的提问相对简单和直接，主要集中在回忆课文的内容上。这种封闭式的提问方式确实可以帮助学生复习和巩固知识，但会限制学生进一步的思考和讨论。

2. 新手型教师和熟手型教师叫答方式差异

新手型教师和熟手型教师在运用课堂提问 3P 模式进行准备问题、提出问题和候答之后，就要对学生进行有选择的叫答。通过对新手型教师和熟手型教师进行访谈、课堂观察、课堂转写统计，可以发现两类教师在叫答方式上的差异（表 3-16）。

表 3-16　熟手型教师与新手型教师叫答方式统计

<table>
<tr><th>课次</th><th>教师类型</th><th>提问策略</th><th>项目</th><th>先发问叫举手者</th><th>面向集体发问后齐答</th><th>先发问叫未举手者</th><th>先点名后发问</th><th>面向小组发问后小组答</th></tr>
<tr><td rowspan="8">1</td><td rowspan="4">熟手</td><td rowspan="2">3P 模式</td><td>提问数量/个</td><td>11</td><td>7</td><td>3</td><td>1</td><td>0</td></tr>
<tr><td>占比/%</td><td>50.00</td><td>31.82</td><td>13.64</td><td>4.55</td><td>0.00</td></tr>
<tr><td rowspan="2">原来的提问方式</td><td>提问数量/个</td><td>10</td><td>6</td><td>4</td><td>2</td><td>0</td></tr>
<tr><td>占比/%</td><td>45.45</td><td>27.27</td><td>18.18</td><td>9.09</td><td>0.00</td></tr>
<tr><td rowspan="4">新手</td><td rowspan="2">3P 模式</td><td>提问数量/个</td><td>4</td><td>9</td><td>5</td><td>4</td><td>0</td></tr>
<tr><td>占比/%</td><td>18.18</td><td>40.91</td><td>22.73</td><td>18.18</td><td>0.00</td></tr>
<tr><td rowspan="2">原来的提问方式</td><td>提问数量/个</td><td>5</td><td>12</td><td>3</td><td>2</td><td>0</td></tr>
<tr><td>占比/%</td><td>22.73</td><td>54.55</td><td>13.64</td><td>9.09</td><td>0.00</td></tr>
</table>

续表

课次	教师类型	提问策略	项目	先发问叫举手者	面向集体发问后齐答	先发问叫未举手者	先点名后发问	面向小组发问后小组答
2	熟手	3P 模式	提问数量/个	10	8	4	1	1
			占比/%	41. 67	33. 33	16. 67	4. 17	4. 17
		原来的提问方式	提问数量/个	11	7	3	2	1
			占比/%	45. 83	29. 17	12. 50	8. 33	4. 17
	新手	3P 模式	提问数量/个	4	10	6	3	1
			占比/%	16. 67	41. 67	25. 00	12. 50	4. 17
		原来的提问方式	提问数量/个	1	12	7	3	1
			占比/%	4. 17	50. 00	29. 17	12. 50	4. 17
3	熟手	3P 模式	提问数量/个	8	5	2	2	1
			占比/%	44. 44	27. 78	11. 11	11. 11	5. 56
		原来的提问方式	提问数量/个	9	5	2	1	1
			占比/%	50. 00	27. 78	11. 11	5. 56	5. 56
	新手	3P 模式	提问数量/个	3	10	4	1	0
			占比/%	16. 67	55. 56	22. 22	5. 56	0. 00
		原来的提问方式	提问数量/个	2	11	4	1	0
			占比/%	11. 11	61. 11	22. 22	5. 56	0. 00
4	熟手	3P 模式	提问数量/个	8	6	3	2	2
			占比/%	38. 10	28. 57	14. 29	9. 52	9. 52
		原来的提问方式	提问数量/个	10	5	4	1	1
			占比/%	47. 62	23. 81	19. 05	4. 76	4. 76
	新手	3P 模式	提问数量/个	5	10	3	2	1
			占比/%	23. 81	47. 62	14. 29	9. 52	4. 76
		原来的提问方式	提问数量/个	4	11	4	1	1
			占比/%	19. 05	52. 38	19. 05	4. 76	4. 76

续表

课次	教师类型	提问策略	项目	先发问叫举手者	面向集体发问后齐答	先发问叫未举手者	先点名后发问	面向小组发问后小组答
5	熟手	3P模式	提问数量/个	8	5	4	3	3
			占比/%	34. 78	21. 74	17. 39	13. 04	13. 04
		原来的提问方式	提问数量/个	10	6	4	1	2
			占比/%	43. 48	26. 09	17. 39	4. 35	8. 70
	新手	3P模式	提问数量/个	6	10	3	2	2
			占比/%	26. 09	43. 48	13. 04	8. 70	8. 70
		原来的提问方式	提问数量/个	4	11	4	3	1
			占比/%	17. 39	47. 83	17. 39	13. 04	4. 35
6	熟手	3P模式	提问数量/个	8	6	3	2	3
			占比/%	36. 36	27. 27	13. 64	9. 09	13. 64
		原来的提问方式	提问数量/个	9	6	4	1	2
			占比/%	40. 91	27. 27	18. 18	4. 55	9. 09
	新手	3P模式	提问数量/个	7	10	3	1	1
			占比/%	31. 82	45. 45	13. 64	4. 55	4. 55
		原来的提问方式	提问数量/个	4	11	4	2	1
			占比/%	18. 18	50. 00	18. 18	9. 09	4. 55
7	熟手	3P模式	提问数量/个	9	5	3	3	3
			占比/%	39. 13	21. 74	13. 04	13. 04	13. 04
		原来的提问方式	提问数量/个	10	6	2	1	4
			占比/%	43. 48	26. 09	8. 70	4. 35	17. 39
	新手	3P模式	提问数量/个	7	11	1	2	2
			占比/%	30. 43	47. 83	4. 35	8. 70	8. 70
		原来的提问方式	提问数量/个	4	11	4	3	1
			占比/%	17. 39	47. 83	17. 39	13. 04	4. 35

续表

课次	教师类型	提问策略	项目	先发问叫举手者	面向集体发问后齐答	先发问叫未举手者	先点名后发问	面向小组发问后小组答
8	熟手	3P模式	提问数量/个	9	4	3	2	3
			占比/%	42.86	19.05	14.29	9.52	14.29
		原来的提问方式	提问数量/个	9	5	4	1	2
			占比/%	42.86	23.81	19.05	4.76	9.52
	新手	3P模式	提问数量/个	5	10	2	2	2
			占比/%	23.81	47.62	9.52	9.52	9.52
		原来的提问方式	提问数量/个	4	11	3	1	2
			占比/%	19.05	52.38	14.29	4.76	9.52
9	熟手	3P模式	提问数量/个	8	4	2	3	3
			占比/%	40.00	20.00	10.00	15.00	15.00
		原来的提问方式	提问数量/个	7	5	3	3	2
			占比/%	35.00	25.00	15.00	15.00	10.00
	新手	3P模式	提问数量/个	6	9	2	2	1
			占比/%	30.00	45.00	10.00	10.00	5.00
		原来的提问方式	提问数量/个	5	10	1	2	2
			占比/%	25.00	50.00	5.00	10.00	10.00
10	熟手	3P模式	提问数量/个	9	4	2	3	4
			占比/%	40.91	18.18	9.09	13.64	18.18
		原来的提问方式	提问数量/个	11	5	1	1	4
			占比/%	50.00	22.73	4.55	4.55	18.18
	新手	3P模式	提问数量/个	5	9	4	1	3
			占比/%	22.73	40.91	18.18	4.55	13.64
		原来的提问方式	提问数量/个	6	10	3	1	2
			占比/%	27.27	45.45	13.64	4.55	9.09

续表

课次	教师类型	提问策略	项目	先发问叫举手者	面向集体发问后齐答	先发问叫未举手者	先点名后发问	面向小组发问后小组答
11	熟手	3P模式	提问数量/个	8	4	3	4	4
			占比/%	34.78	17.39	13.04	17.39	17.39
		原来的提问方式	提问数量/个	10	5	3	2	3
			占比/%	43.48	21.74	13.04	8.70	13.04
	新手	3P模式	提问数量/个	4	9	5	3	2
			占比/%	17.39	39.13	21.74	13.04	8.70
		原来的提问方式	提问数量/个	4	9	4	3	3
			占比/%	17.39	39.13	17.39	13.04	13.04
12	熟手	3P模式	提问数量/个	8	5	4	3	4
			占比/%	33.33	20.83	16.67	12.50	16.67
		原来的提问方式	提问数量/个	9	4	4	3	4
			占比/%	37.50	16.67	16.67	12.50	16.67
	新手	3P模式	提问数量/个	5	9	4	3	3
			占比/%	20.83	37.50	16.67	12.50	12.50
		原来的提问方式	提问数量/个	5	10	3	4	2
			占比/%	20.83	41.67	12.50	16.67	8.33

由图 3-5 可见，随着教学研究的不断推进，采用课堂提问 3P 模式进行教学的熟手型教师运用“面向小组发问后小组答”的占比逐步提高，“先发问叫未举手者”及“先点名后发问”的占比基本不变，“先发问叫举手者”和“面向集体发问后齐答”的占比逐步下降。

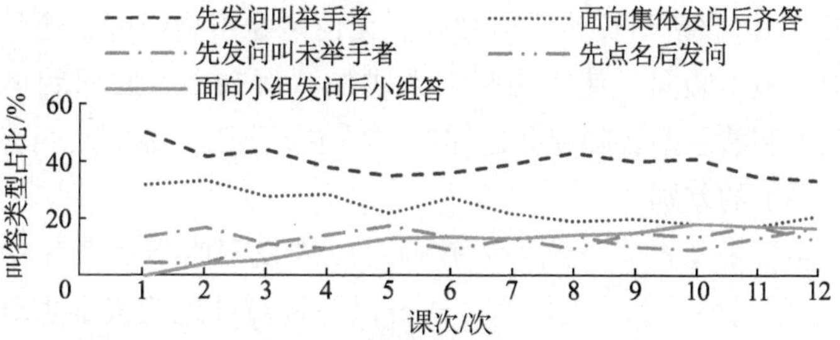

图 3-5 熟手型教师采用课堂提问 3P 模式的叫答方式

由图 3-6 可见，随着教学研究的不断推进，采用课堂提问 3P 模式进行教学的新手型教师运用“面向小组发问后小组答”占比逐步提高，“先发问叫未举手者”占比有所下降，“先发问叫举手者”“面向集体发问后齐答”“先点名后发问”占比基本不变。

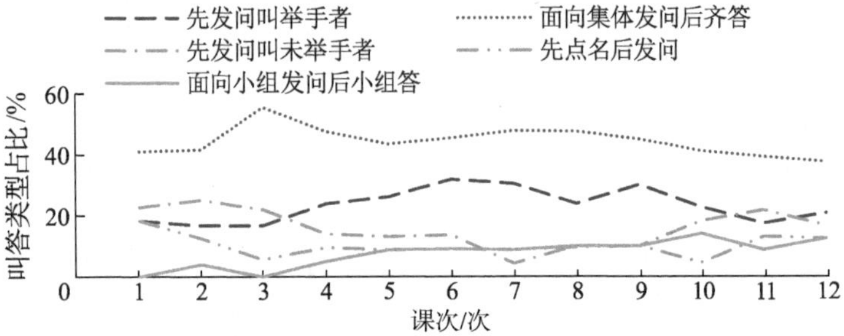

图 3-6　新手型教师采用课堂提问 3P 模式的叫答方式

综上所述，随着教学实验研究的不断推进，熟手型教师运用“面向小组发问后小组答”占比逐步提高，“先发问叫未举手者”及“先点名后发问”占比基本不变，“先发问叫举手者”“面向集体发问后齐答”占比逐步下降。新手型教师运用“面向小组发问后小组答”占比逐步提高，“先发问叫未举手者”占比有所下降，“先发问叫举手者”“面向集体发问后齐答”“先点名后发问”占比基本不变。

此外，在叫答方式数据结果统计的基础上，结合教师的访谈结果，本研究发现，教师使用“先发问叫举手者”提问的问题数量最多；其次是“面向集体发问后齐答”；再次是“先发问叫未举手者”；而使用“先点名后发问”和“面向小组发问后小组答”提问的问题数量最少。

经过比较发现，新手型教师使用“面向集体发问后齐答”的比例非常高。而熟手型教师使用频率最高的是“先发问叫举手者”，在课堂提问中占据绝对的主导地位。此外，新手型教师也较常采用“先发问再叫举手者”，但频率不及熟手型教师。无论是新手型教师，还是熟手型教师，他们最不倾向于使用的叫答方式是“面向小组发问后小组答”。新手型教师和熟手型教师存在这样的差异主要是因为他们对叫答类型的理解和选择上的差别。

其一是新手型教师与熟手型教师对“先发问叫举手者”的理解差异。“先发问叫举手者”的叫答方式可以有针对性地检查学生对已有知识的掌握情况，且可以根据问题难度选择不同学习能力的学生来回答，因此是新手型、熟手型教师使用都较多的叫答类型。① 但新手型教师 T1 认为："此叫答类型会限制学生发言的机会。小学生发言积极性较高，没有被叫答的学生会感到失落，长此以往，会影响学生的发言积极性；虽然使用'先发问叫举手者'会使课堂秩序井然有序，更便于教师管理，但同时压抑了小学生活泼好动的天性。"熟手型教师 T3 则认为："纪律是教学效率的保证，学生遵循举手规则，能为全班同学创造良好的听课环境，举手的学生内心已有经过思考后成熟的答案，学生能自信地表达自己的想法和观点，且不会影响他人的理解与判断，更能给其他同学一些启发。"这或许是新手型教师采用此提问方式频率较低的因素之一。

其二是两类教师对"先发问叫未举手者"存在差异化理解。新手型教师会用这种方式检查不举手同学的掌握情况，新手型教师 T2 指出："在课堂上经常可以看到学生们不举手的情况。有些同学可能是因为走神了，有些可能是因为害羞，还有些虽然知道答案，却不愿意举手。为了鼓励这部分同学积极参与课堂，我会给一些有能力回答却看上去注意力不集中的学生、更多性格内向的学生发言的机会，以这种方式提高学生的课堂参与率。"熟手型教师也会少量使用"先发问叫未举手者"，他们认为这有助于了解那些课堂活跃度不高的同学或后进生的学习情况并及时帮助他们，还可以提醒课堂上注意力不集中的学生，增加他们在课堂上的体验感和获得感。但熟手型教师更倾向于留有更多候答时间和采用多种方式鼓励未举手的同学，待大多数同学举手后再叫答举手者，而不是直接叫未举手者，这种做法背后的原因，正如熟手型教师 T4 所解释的："这是对未举手同学的尊重，更能真正启发未举手同学的思维，并将学生的焦虑程度尽可能地降低。"总体而言，对于未举手者，新手型教师通常将叫答作为检测学生学习情况的工具，目的是激励更多的学生参与到课堂互动中；而熟手型教师则通过预留思考时间的方式来鼓励未举手的学生，更强调重视学生的心理状态和感受。②

其三是两种类型教师对"面向集体发问后齐答"的理解存在差异。其中，新手型教师秉持教育公平的原则，旨在推动课堂提问的全员参

---

① 谭凤娟，龚波．人本主义理念下小学英语教师教学行为适切性研究［J］．湖北师范大学学报（哲学社会科学版），2020，40（3）：138-142.

② Erlangga，D. T. Student problems in online learning：Solutions to keep education going on［J］. *Journal of English Language Teaching and Learning*，2022，3(1)：21-26.

与。譬如，新手型教师 T1 认为，“通过面向集体发问后齐答方式，学生以齐答的形式参与，能够让更多学生参与到回答中，扩大被问及的范围，给学生提供更多回答问题的机会，并迅速活跃课堂氛围”。然而，新手型教师未能充分考虑到教学中也应当突出学生的个性和主体性，集体回答很难突出学生的个性。相比之下，让单个学生回答可以促使学生独立表达，展示个性和创造力，同时也促进师生之间的交流。但是，这类教师有时会为了追赶教学进度，采用集体提问方式节省时间。甚至通过象征性提问，仅少数学生回答后就匆忙进入下一教学环节或提出新问题。新手型教师 T1 坦言：“尽管每名学生的观点可能不相同，但由于教师在备课阶段已经设定了答案，因此在课堂上会特别关注与自己预期相符的答案，一旦听到期望中的回答就立马确认并继续教学，因而忽略了一些不正确的答案和回答错误的学生。为了追赶教学进度，还是会不自觉地使用集体提问方式。”熟手型教师 T4 认为，“集体回答时大多数学生似乎都掌握了，但隐藏其中的不会者很难被发现，部分学生可能会跟风回答，不进行主动思考。”因此，熟手型教师在运用这一叫答方式时，更加关注如何有效地运用它来确保每个学生都能真正理解和学习。

其四是新手型教师与熟手型教师对先点名后发问的理解存在差异。新手型教师 T2 认为，“先点名后发问具有惩罚性的意味，通常用来提问在课堂上违反纪律的学生，被点名的学生基本回答不上来，同时对其他同学起到提醒和震慑的作用。”熟手型教师 T3 则表示：“采用先点名后发问的方式通常是为了提醒在课堂上走神的同学，并且教师会根据题目的难度和学生的实际水平有选择地进行提问，因此使用此种方式较多。”总结来说，新手型教师可能将先点名后发问看作维持纪律的工具，而熟手型教师则将其作为促进学生学习的策略。

其五是新手型教师与熟手型教师对面向小组发问后小组答的理解存在差异。面向小组发问后小组答的叫答方式是素质教育所推崇的自主学习和合作学习的体现，教师也有意识地在课堂中使用此种叫答方式。然而熟手型教师较新手型教师更频繁使用此种叫答方式，且小组内合作学习的效果和质量较新手型教师更高。虽然新手型教师与熟手型教师都肯定其可行性和实用性，但新手型教师 T2 认为，“我对课堂的掌控和对学生的了解还不够，当学生进行小组合作时，有时他们会讨论一些与课程无关的内容，这样就容易浪费宝贵的课堂时间，也容易带来纪律问题，我觉得很难保障小组活动的效果和维持课堂秩序。而且，我还注意到，即使在小组讨论过后，愿意举手回答问题的通常还是那些平时比较积极参与的学生。”熟手型教师 T4 则认为，“只要事先制定好小组合作时的纪律和规则，并强调这些纪律和规则，同时明确小组成员之间的分工，就能很好地解决这个问题。”由此可以看出，熟手型教师深谙如何有效执行这些规则，以此指导学生在课堂上的学习行为，并保障课堂管理的高效运作。这解释了熟手型教师运用此类叫答方式的频率高于新手型教师的原因。① 小组合作学习可以让学生之间相互交流、沟通，让学生成为课堂的主人，改变以往教师教学生学的形式，是真正体现新课程教学理念的学习方法。学生在小组合作的过程中能更好地解决问题，在互帮互助的过程中更容易实现知识的内化，在交流和讨论的过程中更能成为学习的主人。

其六是新手型教师与熟手型教师对不同层次问题使用叫答方式的理解存在差异。两类教师都认为，对于简单且答案固定的基础问题，可以使用面向集体发问后齐答方式；而对于那些更具挑战性、个性化且主观性较强的问题，则适宜采用先发问叫举手者方式。尽管如此，新手型教师在实践中仍然存在选择不当的叫答方式的情况。例如，他们在处理需要高级思维技能的问题时，错误地使用了先发问叫未举手者或面向集体发问后齐答的方式。这种做法可能导致学生在没有充分思考的情况下被迫回答，从而无法正确回答问题，增加学生的紧张感。面对这一情形，新手型教师 T2 表示：“高阶思维层级的问题更多是针对优等生提出的，因此，我通常会使用先点名后发问方式叫优等生来回答这些问题。但这样做的结果是，班上只有几个学生积极参与，其他学生大多数时间只是在那里听讲，偶尔附和一下。”如果这种情况持续下去，对于中等生和后进生的思维发展是不利的。这可能会影响课堂上的公平性和民主性，让一部分学生失去积极思考和参与的机会。熟手型教师 T3 认为：“高阶思维层级的问题既需要学生独立思考，也需要学生之间思维的交流碰撞，故应采用先发问叫举手者和面向小组发问后小组答相结合的方式，

① Khasawneh, M. A. S. Language skills and their relationship to learning difficulties in English language from the teachers' point of view [J]. *The Journal of Quality in Education*, 2022, 12 (19): 104-113.

且小组合作的形式可以让学生在小组内进行充分的交流和思考，同学之间互相启发、合作，用集体的智慧解决问题，学生也会学得更扎实，更容易有获得感和成就感。”这种融合个人和团队的教学策略不仅促进了学生认知能力的发展，还增强了他们的社交和合作技能，有助于学生成为具备解决实际问题能力的终身学习者。

下面是课堂提问 3P 模式下实验组熟手型教师与实验组新手型教师课堂叫答方式的具体案例。同样选取 J 学校，其中熟手实验组教师教授五（4）班，新手实验组教师教授五（5）班。选择译林版英语教材五年级下册 Unit 7 Chinese festivals（第二课时），有一个任务是让学生比较中西方的不同。

熟手实验组师生问答：

T：Look at these pictures，class. Let's work in small groups and discuss the different ways people use to celebrate the festivals. After the discussion，each group will present their observations.

5 minutes

T：Now，let's share our findings. Group One，can you share what you discussed?

S1：People in some countries are having a big dinner with their families.

T：Excellent! Many cultures celebrate their festivals with a big dinner. Group Two，what did you find?

S2：Some people get together.

T：Great! In some cultures，getting together is a symbol of reunion. Group Three，can you share your thoughts?

S3：People do different kinds of things at different kinds of festivals.

T：That's quite a good observation. Now，let's try to compare these festivals，anything in common? Group Four，please.

S4：People are all having fun at theses festivals，and they're all full of blessings and memories.

T：Good thinking!

新手实验组师生问答：

T：Look at these pictures，class. Can you tell me what they are doing at the festivals?

S1：People in some countries are having a big dinner.

T：That's right. In some places，people have a big dinner. Anyone else notices something different?

S2：Some people are playing games and giving presents.

T：Good job！Can we think about how these activities are the same?

S3：They are all very funny and people are very happy.

T：Excellent！Can you think of other ways to celebrate the festivals around the world?

由此可见，熟手实验组首先采用小组讨论的方式进行教学，让学生先在小组内部分享和交流。这样不仅帮助反应快或者表现活跃的学生，还助推每个学生都参与到活动中。新手实验组直接提问全班，并选择学生回答，这可能会导致部分学生缺乏参与的动力。此外，这种差异也与前文提到的访谈结果相吻合。新手型教师更多使用面向集体发问后齐答方式，而熟手型教师则更善于利用面向小组发问后小组答等方式进行教学。这可能是因为熟手型教师在教学经验上更加丰富，更能灵活运用不同的叫答方式来满足学生的需求。

3. 新手型教师和熟手型教师候答方式差异

教师在运用课堂提问 3P 模式的过程中，在向学生提出问题之后及叫答学生之前，需要给学生预留合适且充足的候答时间。本研究采用了自编的教师候答时间课堂观察量表，考查教师在教学过程中不同的候答时间长短对学生思维品质的影响。在熟手实验班、熟手对照班、新手实验班、新手对照班各进行 12 次教学研究活动，为了避免在实验班和对照班教学过程中教师的提问次数对研究结果造成影响，在正式教学研究开始前，本研究对提问的次数进行了统一要求，要求每个教学班级教案中设计的提问次数保持一致。根据教学内容，从第 1 次教学活动到第 12 次教学活动，每次教学活动中的提问次数确定为 22、24、18、21、23、22、

23、21、20、22、23、24 次，总的提问次数为 263 次。对新手型教师和熟手型教师所预留的候答时间进行观察和统计，统计结果见表 3-17。

表 3-17 熟手型教师与新手型教师候答时间统计表

课次	类型	提问策略	项目	1 秒以内	1~3 秒	4~6 秒	7~9 秒	10 秒以上
1	熟手	3P 模式	提问数量/个	0	8	9	3	2
			占比/%	0. 00	36. 36	40. 91	13. 64	9. 09
		原来的提问方式	提问数量/个	1	9	8	4	0
			占比/%	4. 55	40. 90	36. 36	18. 18	0. 00
	新手	3P 模式	提问数量/个	2	11	5	4	0
			占比/%	9. 09	50. 00	22. 73	18. 18	0. 00
		原来的提问方式	提问数量/个	3	10	6	3	0
			占比/%	13. 64	45. 45	27. 27	13. 64	0. 00
2	熟手	3P 模式	提问数量/个	1	9	9	3	2
			占比/%	4. 17	37. 50	37. 50	12. 50	8. 33
		原来的提问方式	提问数量/个	2	9	8	4	1
			占比/%	8. 33	37. 50	33. 33	16. 67	4. 17
	新手	3P 模式	提问数量/个	3	10	7	4	0
			占比/%	12. 50	41. 67	29. 17	16. 67	0. 00
		原来的提问方式	提问数量/个	4	10	6	2	2
			占比/%	16. 67	41. 67	25. 00	8. 33	8. 33
3	熟手	3P 模式	提问数量/个	0	6	6	4	2
			占比/%	0. 00	33. 33	33. 33	22. 22	11. 11
		原来的提问方式	提问数量/个	1	8	8	1	0
			占比/%	5. 56	44. 44	44. 44	5. 56	0. 00
	新手	3P 模式	提问数量/个	2	8	8	0	0
			占比/%	11. 11	44. 44	44. 44	0. 00	0. 00
		原来的提问方式	提问数量/个	3	10	5	0	0
			占比/%	16. 67	55. 56	27. 78	0	0. 00

续表

课次	类型	提问策略	项目	1 秒以内	1~3 秒	4~6 秒	7~9 秒	10 秒以上
4	熟手	3P 模式	提问数量/个	1	7	8	5	0
			占比/%	4.76	33.33	38.10	23.81	0.00
		原来的提问方式	提问数量/个	2	7	8	4	0
			占比/%	9.52	33.33	38.10	19.05	0.00
	新手	3P 模式	提问数量/个	4	7	8	1	1
			占比/%	19.05	33.33	38.10	4.76	4.76
		原来的提问方式	提问数量/个	4	10	6	1	0
			占比/%	19.05	47.62	28.57	4.76	0.00
5	熟手	3P 模式	提问数量/个	3	6	8	4	2
			占比/%	13.04	26.09	34.78	17.39	8.70
		原来的提问方式	提问数量/个	2	9	8	4	0
			占比/%	8.70	39.13	34.78	17.39	0.00
	新手	3P 模式	提问数量/个	4	6	6	5	2
			占比/%	17.39	26.09	26.09	21.74	8.70
		原来的提问方式	提问数量/个	3	10	7	3	0
			占比/%	13.04	43.48	30.43	13.04	0.00
6	熟手	3P 模式	提问数量/个	0	7	8	5	2
			占比/%	0.00	31.82	36.36	22.73	9.09
		原来的提问方式	提问数量/个	1	8	9	4	0
			占比/%	4.55	36.36	40.91	18.18	0.00
	新手	3P 模式	提问数量/个	2	6	7	6	1
			占比/%	9.09	27.27	31.82	27.27	4.55
		原来的提问方式	提问数量/个	4	10	5	3	0
			占比/%	18.18	45.45	22.73	13.64	0.00

续表

课次	类型	提问策略	项目	1 秒以内	1~3 秒	4~6 秒	7~9 秒	10 秒以上
7	熟手	3P 模式	提问数量/个	3	5	7	6	2
			占比/%	13.04	21.74	30.43	26.09	8.70
		原来的提问方式	提问数量/个	2	9	8	4	0
			占比/%	8.70	39.13	34.78	17.39	0.00
	新手	3P 模式	提问数量/个	2	6	8	6	1
			占比/%	8.70	26.09	34.78	26.09	4.35
		原来的提问方式	提问数量/个	3	10	7	3	0
			占比/%	13.04	43.48	30.43	13.04	0.00
8	熟手	3P 模式	提问数量/个	1	6	7	6	1
			占比/%	4.76	28.57	33.33	28.57	4.76
		原来的提问方式	提问数量/个	2	8	7	4	0
			占比/%	9.52	38.10	33.33	19.05	0.00
	新手	3P 模式	提问数量/个	0	6	8	6	1
			占比/%	0.00	28.57	38.10	28.57	4.76
		原来的提问方式	提问数量/个	4	11	5	1	0
			占比/%	19.05	52.38	23.81	4.76	0.00
9	熟手	3P 模式	提问数量/个	1	7	7	5	0
			占比/%	5.00	35.00	35.00	25.00	0.00
		原来的提问方式	提问数量/个	2	8	7	3	0
			占比/%	10.00	40.00	35.00	15.00	0.00
	新手	3P 模式	提问数量/个	1	5	9	5	0
			占比/%	5.00	25.00	45.00	25.00	0.00
		原来的提问方式	提问数量/个	4	10	6	0	0
			占比/%	20.00	50.00	30.00	0.00	0.00

续表

课次	类型	提问策略	项目	1 秒以内	1~3 秒	4~6 秒	7~9 秒	10 秒以上
10	熟手	3P 模式	提问数量/个	0	6	8	6	2
			占比/%	0.00	27.27	36.36	27.27	9.09
		原来的提问方式	提问数量/个	1	8	9	4	0
			占比/%	4.55	36.36	40.91	18.18	0.00
	新手	3P 模式	提问数量/个	2	5	9	5	1
			占比/%	9.09	22.73	40.91	22.73	4.55
		原来的提问方式	提问数量/个	3	10	7	2	0
			占比/%	13.64	45.45	31.82	9.09	0.00
11	熟手	3P 模式	提问数量/个	2	5	8	6	2
			占比/%	8.70	21.74	34.78	26.09	8.70
		原来的提问方式	提问数量/个	2	9	8	3	1
			占比/%	8.70	39.13	34.78	13.04	4.35
	新手	3P 模式	提问数量/个	1	6	8	6	2
			占比/%	4.35	26.09	34.78	26.09	8.70
		原来的提问方式	提问数量/个	3	10	8	2	0
			占比/%	13.04	43.48	34.78	8.70	0.00
12	熟手	3P 模式	提问数量/个	2	4	9	7	2
			占比/%	8.33	16.67	37.50	29.17	8.33
		原来的提问方式	提问数量/个	2	9	9	3	1
			占比/%	8.33	37.50	37.50	12.50	4.17
	新手	3P 模式	提问数量/个	1	5	9	6	3
			占比/%	4.17	20.83	37.50	25.00	12.50
		原来的提问方式	提问数量/个	3	11	8	2	0
			占比/%	12.50	45.83	33.33	8.33	0.00

由图 3-7 可见，采用课堂提问 3P 模式的熟手型教师采用 7~9 秒候答时间的占比逐步提高，采用 4~6 秒和 10 秒以上候答时间的占比基本不变，采用 1~3 秒候答方式的占比逐步下降。

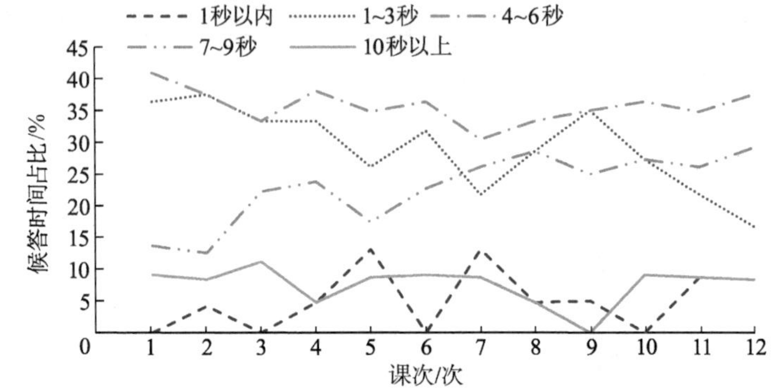

图 3-7 熟手型教师采用课堂提问 3P 模式的候答时间

由图 3-8 可见，采用课堂提问 3P 模式的新手型教师采用 7~9 秒及 10 秒以上的候答时间的占比略有提高，采用 4~6 秒候答时间的占比也是略有提高，采用 1~3 秒候答方式的占比逐步下降。

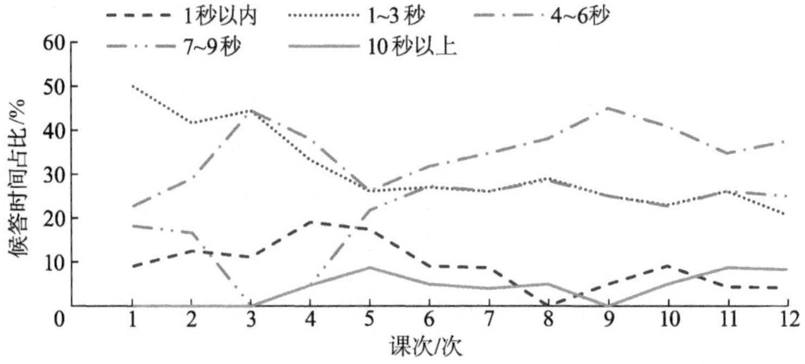

图 3-8 新手型教师采用课堂提问 3P 模式的候答时间

综上所述，随着 12 次教学研究活动的不断推进，熟手型教师采用 7~9 秒候答时间的占比逐步提高，采用 4~6 秒和 10 秒以上的候答时间的占比基本不变，采用 1~3 秒候答方式的占比逐步下降。新手型教师采用 7~9 秒及 10 秒以上的候答时间的占比略有提高，采用4~6 秒候答时间的占比略有提高，采用 1~3 秒候答方式的占比逐步下降。

在采用自编的课堂观察量表统计新手型教师和熟手型教师候答时间分布的基础上，本研究还通过访谈比较新手型教师与熟手型教师运用同样的课堂提问 3P 模式下候答时间的差异。

比较分析采用课堂提问 3P 模式的新手型教师与熟手型教师的访谈数据后，笔者发现新手型教师倾向于延长学生的思考时间，而熟手型教师则努力缩短这一时间。这种差异主要源于新手型教师倾向于对问题进行重述和解释，旨在提供给学生更长的思考时间，而熟手型教师由于具有更强的课堂管理能力，通常会保持更快的课堂节奏。①

罗维认为回答中认知水平的问题需要等候 3~4 秒，而高认知水平的问题则需要 15 秒以上的候答时间。但在问题解决方面，新手型教师与熟手型教师的表现完全不同，这主要表现在二者对预留候答时间存在差异化的理解。根据访谈资料可知，熟手型教师倾向于学生准备好回答后才提出问题，旨在为学生准备充分的候答时间，以便于学生能够深度思考。譬如，熟手型教师 T4 表示，“如若只关注部分学生的准备情况，就率先进行发问，那么这便是对那些未举手或者未准备充分学生的不公平对待，于我而言，至少确保留足 10 秒的候答时间，让学生能够有充足时间思考问题的解决方案。”相比之下，新手型教师虽赞同足够候答时间有利于学生思考，但在实际的课堂上往往过于关注率先举手的同学而直接发问，未能从整体关照所有的学生。譬如，新手型教师 T1 承认：“我意识到自己未能留给学生足够的候答时间，但有时由于要推进教学进度，我不得不减少候答时间。”由此可知，新手型教师往往由于时间的紧迫性而对教学进度感到担忧，容易造成有限时间与既定教学任务之间的矛盾。对于这部分教师而言，“快问快答”的提问处理方式更适用他们。他们还会根据回答问题的对象决定候答时间的长短，其中对于成绩较好的学生预留候答时间较短，对于成绩较差的学生则会适当延长候答时间。

其二是新手型教师与熟手型教师对不同候答时间所使用叫答方式的差异。尤其对于候答时间少于 1 秒的问题，新手型教师比熟手型教师提出的问题的数量多得多，而且新手型教师更频繁地使用面向集体发问后齐答的方式和先发问叫举手者的方式。这一方面显示了新手型教师在这类快速回答的问题上更为活跃，另一方面也反映了他们倾向于采用能迅速得到学生反应的提问方式。② 新手型教师 T2 表达了对这种做法的支

---

① Bai, B., Wang, J. & Chai, C. S. Understanding Hong Kong primary school English teachers' continuance intention to teach with ICT [J]. *Computer Assisted Language Learning*, 2021, 34(4): 528-551.

② Zou, D. Gamified flipped EFL classroom for primary education: Student and teacher perceptions [J]. *Journal of Computers in Education*, 2020, 7(2): 213-228.

持："当问题相对简单，学生有能力迅速抢答时，答案可以立即给出，无需等待过长时间。"但对熟手型教师而言，候答时间少于 1 秒的问题考查的都是常识，不需要在课堂上提问。他们更偏好多样化的叫答方式，并尽可能鼓励更多的学生参与课堂讨论。

新手型教师倾向于集中关注教案的实施，往往没有太多考虑到候答时间，常见的做法是一旦观察到学生举手便提问，因此 1~3 秒候答时间的问题相对较多。而熟手型教师 T3 表示："对于简单的问题，1~3 秒的候答时间是可以接受的，但对于较为复杂的问题，如果不预留足够的思考时间，可能会增加学生的紧张感。如果学生难以回答，还可能需要更长的等待时间，这样会降低课堂效率。"因此，这也说明了熟手型教师通常不会在候答时间较短情况下让未参与的学生应答，这样会降低课堂教学质量。

熟手型教师认为 4~9 秒的候答时间更适合学生进行深度思考。当然，这一标准并不是固定的，教师也需要根据问题难度做出适当调整。熟手型教师 T4 表示："确实，我会根据问题的难易程度有意识地给学生留出 4~9 秒的思考时间，在这个时间段内，我会鼓励并等待更多学生举手参与，这样做可以确保更多学生有机会思考并参与到课堂讨论中。"相反，新手型教师则认为熟手型教师所认可的候答时间较长，他们仅在提出较难问题且无学生举手时才会延长等待时间。

笔者分析资料发现，候答时间为 10 秒以上的熟手型教师所使用的叫答方式较为单一，而新手型教师习惯于通过小组合作学生之间彼此帮助解决问题。不过，新手型教师存在叫未举手者回答的情况，未考虑学生是否思考周全，匆忙让学生回答问题则会打断学生的解题思路，徒增学生的学习压力。以下是课堂提问 3P 模式下实验组熟手型教师与实验组新手型教师课堂候答方式的案例。

同样选取 J 学校，熟手实验组教师教授五（4）班，新手实验组教师教授五（5）班，选取五年级下册 Unit 7 Chinese festivals（第一课时）。这一课时讲述的是中国的四个传统节日，即春节、端午节、中秋节和重阳节。其中有一个任务是教师让学生总结这四个节日的特征。

熟手实验组师生对话：

T：Can someone tell me how the four festivals differ from each other? Consider the traditions, foods, and activities. Take a moment to think.

(Wait for exactly 10 seconds.)

T：Okay, let's hear your thoughts. Anyone?

S1：Different foods are eaten at each festival.

T：Yes, that's correct. Specific examples, anyone?

S2：For the Spring Festival, people eat dumplings. The Dragon Boat Festival has rice dumplings, the Mid-Autumn Festival is known for moon cakes, and the Double Ninth Festival is known for rice cakes.

T：Exactly. Well done. Let's move on.

新手实验组师生对话：

T：Let's discuss the differences among the four festivals. Anyone who hasn't spoken today, I'd like to hear from you.

(Look around the room and notice a few students avoiding eye contact.)

T：S1, you haven't shared yet. What do you think?

S1：(Look surprised and a little nervous) Uh, at the Spring Festival, people eat ... dumplings?

T：That's a good observation, S1. It's important that everyone gets a chance to speak. Anyone else who hasn't answered yet wants to try?

从以上课堂教学片段中看出，熟手型教师在提问时采用单一的叫答方式，没有运用小组合作或其他互动形式，而是直接从学生那里寻求答案；而新手型教师尝试让未举手的学生参与讨论。虽然这种方法鼓励了更广泛的学生参与，但也可能让一些学生因突然被点名而感到紧张，尤其是在他们没有充分准备的情况下。通过这两个例子，我们可以看到熟手型教师和新手型教师在课堂提问策略上的差异，以及这些策略可能带来的不同影响。

4. 新手型教师和熟手型教师理答方式差异

教学反馈是课堂教学互动的核心环节，直接影响课堂教学质量。若教学反馈使用恰当，则能间接鼓励学生积极参与到课堂活动当中，激发学生学习英语的兴趣。反之，若教学反馈使用不恰当，则会影响学生的积极性。根据既有研究，问题反馈类型主要分为诊断性理答、激励性理答与发展性理答。本研究采用了自编的教师理答方式课堂观察量表，考查了教师在课堂教学过程中不同的理答方式对学生思维品质的影响。在本研究中，笔者对熟手实验班、熟手对照班、新手实验班、新手对照班各进行了 12 节的教学研究活动，共 48 节课。笔者根据教师运用课堂观察量表的记录结果，对 48 节课进行了实录分析，并进行了简单的数据处理，见表 3-18。

表 3-18 熟手型教师与新手型教师理答方式统计表

课次	教师类型	提问策略	项目	诊断性理答	激励性理答	发展性理答
1	熟手	3P 模式	提问数量/个	10	9	3
			占比/%	45. 45	40. 91	13. 64
		原来的提问方式	提问数量/个	10	9	3
			占比/%	45. 45	40. 91	13. 64
	新手	3P 模式	提问数量/个	12	8	2
			占比/%	54. 55	36. 36	9. 09
		原来的提问方式	提问数量/个	12	8	2
			占比/%	54. 55	36. 36	9. 09
2	熟手	3P 模式	提问数量/个	11	9	4
			占比/%	45. 83	37. 50	16. 67
		原来的提问方式	提问数量/个	11	10	3
			占比/%	45. 83	41. 67	12. 50
	新手	3P 模式	提问数量/个	11	10	3
			占比/%	45. 83	41. 67	12. 50
		原来的提问方式	提问数量/个	11	11	2
			占比/%	45. 83	45. 83	8. 33

续表

课次	教师类型	提问策略	项目	诊断性理答	激励性理答	发展性理答
3	熟手	3P模式	提问数量/个	7	8	3
			占比/%	38.89	44.44	16.67
		原来的提问方式	提问数量/个	8	8	2
			占比/%	44.44	44.44	11.11
	新手	3P模式	提问数量/个	7	9	2
			占比/%	38.89	50.00	11.11
		原来的提问方式	提问数量/个	8	8	2
			占比/%	44.44	44.44	11.11
4	熟手	3P模式	提问数量/个	8	10	3
			占比/%	38.10	47.62	14.29
		原来的提问方式	提问数量/个	9	10	2
			占比/%	42.86	47.62	9.52
	新手	3P模式	提问数量/个	9	10	2
			占比/%	42.86	47.62	9.52
		原来的提问方式	提问数量/个	9	10	2
			占比/%	42.86	47.62	9.52
5	熟手	3P模式	提问数量/个	9	10	4
			占比/%	39.13	43.48	17.39
		原来的提问方式	提问数量/个	11	9	3
			占比/%	47.83	39.13	13.04
	新手	3P模式	提问数量/个	9	11	3
			占比/%	39.13	47.83	13.04
		原来的提问方式	提问数量/个	10	11	2
			占比/%	43.48	47.83	8.70
6	熟手	3P模式	提问数量/个	8	10	4
			占比/%	36.36	45.45	18.18
		原来的提问方式	提问数量/个	9	10	3
			占比/%	40.91	45.45	13.64

续表

课次	教师类型	提问策略	项目	诊断性理答	激励性理答	发展性理答
6	新手	3P 模式	提问数量/个	8	11	3
			占比/%	36.36	50.00	13.64
		原来的提问方式	提问数量/个	9	11	2
			占比/%	40.91	50.00	9.09
7	熟手	3P 模式	提问数量/个	8	10	5
			占比/%	34.78	43.48	21.74
		原来的提问方式	提问数量/个	9	11	3
			占比/%	39.13	47.83	13.04
	新手	3P 模式	提问数量/个	8	11	4
			占比/%	34.78	47.83	17.39
		原来的提问方式	提问数量/个	9	11	3
			占比/%	39.13	47.83	13.04
8	熟手	3P 模式	提问数量/个	7	10	4
			占比/%	33.33	47.62	19.05
		原来的提问方式	提问数量/个	8	10	3
			占比/%	38.10	47.62	14.29
	新手	3P 模式	提问数量/个	7	11	3
			占比/%	33.33	52.38	14.29
		原来的提问方式	提问数量/个	7	11	3
			占比/%	33.33	52.38	14.29
9	熟手	3P 模式	提问数量/个	7	8	5
			占比/%	35.00	40.00	25.00
		原来的提问方式	提问数量/个	8	10	2
			占比/%	40.00	50.00	10.00
	新手	3P 模式	提问数量/个	7	11	2
			占比/%	35.00	55.00	10.00
		原来的提问方式	提问数量/个	8	9	3
			占比/%	40.00	45.00	15.00

续表

课次	教师类型	提问策略	项目	诊断性理答	激励性理答	发展性理答
10	熟手	3P模式	提问数量/个	7	9	6
			占比/%	31.82	40.91	27.27
		原来的提问方式	提问数量/个	8	10	4
			占比/%	36.36	45.45	18.18
	新手	3P模式	提问数量/个	7	10	5
			占比/%	31.82	45.45	22.73
		原来的提问方式	提问数量/个	8	10	4
			占比/%	36.36	45.45	18.18
11	熟手	3P模式	提问数量/个	7	9	7
			占比/%	30.43	39.13	30.43
		原来的提问方式	提问数量/个	8	11	4
			占比/%	34.78	47.83	17.39
	新手	3P模式	提问数量/个	7	11	5
			占比/%	30.43	47.83	21.74
		原来的提问方式	提问数量/个	8	11	4
			占比/%	34.78	47.83	17.39
12	熟手	3P模式	提问数量/个	7	10	7
			占比/%	29.17	41.67	29.17
		原来的提问方式	提问数量/个	9	10	5
			占比/%	37.50	41.67	20.83
	新手	3P模式	提问数量/个	7	12	5
			占比/%	29.17	50.00	20.83
		原来的提问方式	提问数量/个	8	12	4
			占比/%	33.33	50.00	16.67

由图 3-9 可见，在课堂提问 3P 模式的指导下，熟手型教师采用诊断性理答方式的比例有所降低，而采取激励性理答方式的比例持续维持在一个水平，采用发展性理答方式的比例略有提升。

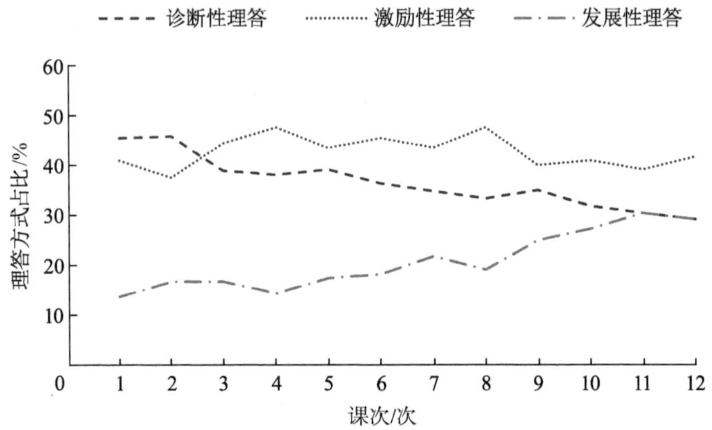

图 3-9 熟手型教师采用课堂提问 3P 模式的理答方式

由图 3-10 可见，采用原来的提问策略，熟手型教师采用诊断性理答方式的比例有所降低，而采取激励性理答方式的比例持续维持在一个水平，采用发展性理答方式的比例略有提升。

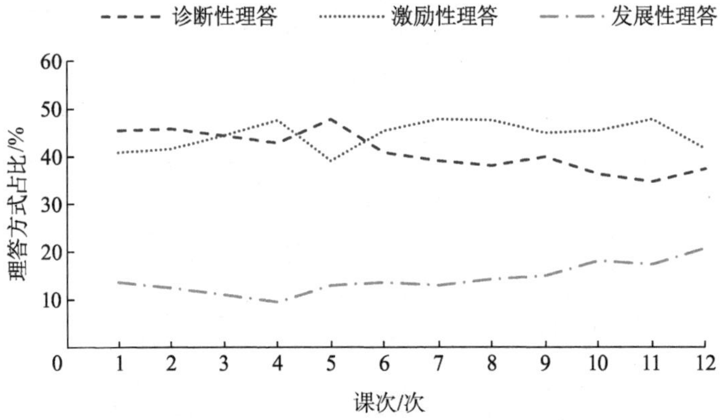

图 3-10 熟手型教师采用原来的提问策略的理答方式

由图 3-11 可见，采用课堂提问 3P 模式，新手型教师采用诊断性理答方式的比例逐步降低，采用激励性理答方式的比例基本不变，采用发展性理答方式的百分比逐步提高。

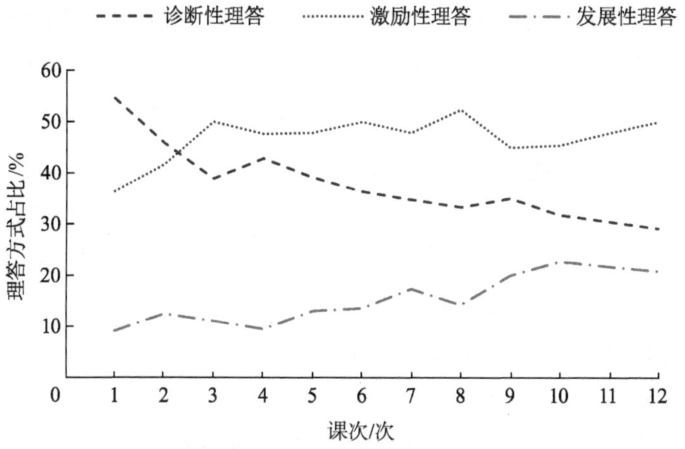

图 3-11　新手型教师采用课堂提问 3P 模式的理答方式

由图 3-12 可见，采用原来的提问策略进行教学的新手型教师采用诊断性理答方式的比例逐步降低，采用激励性理答方式的比例略有提高，采用发展性理答方式的比例略有提高。

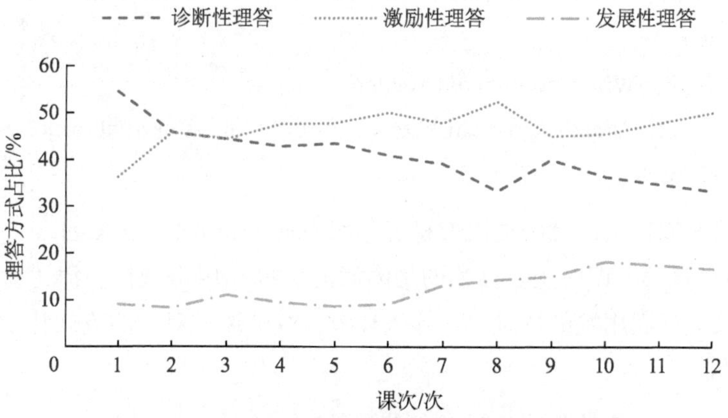

图 3-12　新手型教师采用原来的提问策略的理答方式

综上所述，随着教学研究活动的不断推进，熟手型教师使用诊断性理答方式百分比有所降低，激励性理答方式的百分比基本不变，采用发展性理答方式的百分比略有提高。新手型教师使用诊断性理答方式的百分比逐步降低，采用发展性理答方式的百分比略有提高。

同样选取 J 学校，通过课堂提问 3P 模式下熟手实验组教师第 3 周和第 8 周的教学案例对比，以及新手型教师第 3 周和第 8 周的教学案例对比，了解教师课堂理答方式的差异。基于此，选取译林版英语教材五年级下册 Unit 4 Seeing the doctor（第一课时）。主要讲述了主人公 Su Hai 生病了，其中核心环节为医师询问 Su Hai 的症状。

熟手实验组师生对话（第 3 周）：

T：Su Hai is ill. She goes to see the doctor. Look! What's wrong with her?

S：She has a headache.

T：Good! Any other symptoms?

S：She has a fever.

T：Yes，she has a fever. How does she feel?

S：She feels cold.

T：Great. What should she do?

S1：She should have a rest at home.

T：Yes. Anything else she should do?

S2：She should take some medicine and drink some warm water.

T：Why not any cold water?

S2：Warm water can keep us warm. Cold water will make us feel worse.

第 8 周选取译林版英语教材五年级下册 Unit 6 In the kitchen（第一课时）。该第一课时主要描述的是涛涛的父母在厨房做饭，涛涛打球回家跟父母一起用餐的场景。在导入环节，教师通过对话的方式让学生进入主题。

熟手实验组师生对话（第 8 周）：

T：The song is about the vegetables. Where can you see the vegetables?

S1：On the farm.

S2：In the supermarket.

S3：In the kitchen.

T：Yes，we can find vegetables in many places. Look，this is a picture of a kitchen. Do you have any questions about the picture?

S1：What time is it?

S2：Who is in the kitchen?

S3：What are they doing?

T：You have so many good ideas. Let's try to solve the problems together.

从所给的教学片段中，可以观察到熟手型教师在理答方式上的策略变化。在第 3 周的片段中，教师主要采用了诊断性理答方式。例如，"What's wrong with her?"，"How does she feel?" 以及 "What should she do?" 这些问题目的是检查学生对课文内容的掌握情况。教师给予的反馈主要是为了确认学生答案的正确性，如 "Good!"，"Yes，she has a fever." 等。此外，教师使用了一些激励性的反馈，如 "Great!" 这些反馈旨在鼓励学生积极参与课堂活动。在第 8 周的片段中，我们看到教师转变了提问策略。此时，她不仅仅是对学生进行诊断性的提问，而是引导学生自己提出问题，如 "Do you have any questions about the picture?"。此外，当学生提出问题时，教师并没有立即给出答案，而是鼓励他们一起探索，如 "You have so many good ideas. Let's try to solve the problems together."。这种策略有助于培养学生的自主学习能力和思考能力。从这两个教学片段中，我们可以看出熟手型教师尝试了发展性的理答方式，而不仅仅是诊断性或激励性的理答方式。这种转变有助于提高学生的参与度，激发他们的兴趣，并鼓励他们独立思考。

新手组同样选取译林版英语教材五年级下册 Unit 4 Seeing the doctor（第一课时）。该第一课时主要讲授的是主人公苏海生病了，其中有一个环节是医师询问苏海的症状。

新手实验组师生对话（第 3 周）：

T：What's wrong with Su Hai?

S：She has a headache and a fever.

T：Yes. Can you guess how she feels?

S1：She feels cold.

S2：She feels hot.

T：You have different ideas. Who's right? Let's watch the

cartoon and check.

(*2 minutes*)

T：We can find Su Hai feels cold. What does the doctor say to Su Hai?

S：He says Su Hai should have a rest at home，take some medicine and drink some warm water.

T：Good job！Your answers are very comprehensive.

第 8 周同样选取译林版英语教材五年级下册 Unit 6 In the kitchen（第一课时）。该课时讲授的是涛涛的父母在厨房做饭，涛涛打球回家跟父母一起用餐的场景。在导入环节，教师通过对话的方式让学生进入主题。

新手实验组师生对话（第 8 周）：

T：What are we doing now?

S：We are having an English class.

T：What about Liu Tao's parents? What are they doing? Can you guess?

S1：Are they watching TV?

T：No，they aren't.

S2：Are they washing dishes?

T：No，they are not washing dishes. But they're in the kitchen. Try again.

S3：Are they cooking?

T：You're so clever. They are cooking in the kitchen. Listen！The clock is ringing. What time is it now?

S：It's 6 o'clock.

T：Correct. Liu Tao comes home from a football game. How does he feel now?

S1：He feels tired.

S2：He feels thirsty.

S3：He feels hungry.

T：I agree with all of you. Liu Tao may feel tired，thirsty

and hungry. So he comes to the kitchen. Let's see what will happen then.

从这两个教学片段来看，新手型教师在教学方式上有了一定的成长和转变。尽管在第 3 周时，新手型教师仍主要依赖于诊断性的理答方式，但到了第 8 周，开始更多地采用发展性的提问，引导学生自主思考和推测。例如，通过提问“Can you guess how she feels?”和“Can you guess?”，引导学生进行预测和推测。当学生给出不同的答案时，教师没有立即给出答案，而是鼓励他们通过观看视频或继续推测来验证自己的答案，如“Let's watch the cartoon and check”和“Try again”。总的来说，新手型教师在短时间内已经尝试并掌握了不同的理答方式，这说明该教师在教学实践中不断地自我调整和学习。

为了深入了解新手型教师和熟手型教师在使用不同理答方式时背后的原因，笔者在课下与教师进行了讨论。2 位熟手型教师表示，首先，对于某些不太重要的问题，他们选择快速过渡，认为没有必要花费大量时间进行回应。其次，学生的基础水平较低，导致教学进度缓慢，但由于课程内容繁多和上课时间有限，时间常常显得紧迫。最后，由于授课时间长，他们会出现职业倦怠、上课热情不足等状况，因此，可能会忽视非重点问题。

相对于熟手型教师，新手型教师对学生有着充足的热情，但对教材的熟悉程度不高。上课时，新手型教师对时间的分配往往不如熟手型教师合理。由于每节课的任务量是固定的，新手型教师往往难以掌控时间，这可能导致课程开始时过多地花费时间，而到了后面，讲授重要内容时时间就变得紧张。为了节省时间，当学生回答一些简单的问题时，新手型教师不再评价或简单重复答案。

第四章　课堂提问 3P 模式影响学生思维品质发展的因素

本研究将沃尔什和萨特斯提出的 6P 模式（准备问题、提出问题、促进思考、处理回应、打磨实践与师生协同）进行本土化融合，进一步概括为准备问题、提出问题与处理回应的课堂提问 3P 模式。这一课堂提问模式的应用会在一定程度上促进学生思维品质的提升。

一、指向学生思维品质提升的问题准备

课堂提问 3P 模式的准备问题阶段，是激发学生深度思考和深度学习、发展学生高阶思维品质的关键，这通常依赖于教师的课前准备程度。若课前准备不充分，必然会影响教师的提问和教学效果，进而影响到学生高阶思维品质的达成与发展。事实证明，有效的课堂提问一定离不开教师在提问前对问题的充分准备。① 本研究采用半结构式访谈，系统收集了 4 位研究对象在运用课堂提问 3P 模式前准备的素材，包括教师对教材的准备、对学生的准备和对课堂提问问题的准备。

1. 教师对教材的准备

（1）教师对教材的熟悉程度

教师需要深入理解教材内容，并根据学生的实际情况适当整合和调整教材。② 例如，针对听力方面的教学，教师可以选择适合学生认知水平的材料；针对阅读理解方面的教学，教师可以深度挖掘内容，帮助与引导学生。本研究通过半结构式访谈收集了 4 位教师在运用课堂提问

---

① 衡林利．国内近十年中小学教师有效课堂教学行为研究的元分析［J］．南昌教育学院学报，2016（1）：100-103．

② 张玉娟．从“教教材”走向“用教材教”：基于“人教版”“苏教版”高中化学必修新教材比较的视角［J］．化学教学，2023（11）：9-14．

3P 模式前对教材熟悉度情况，结果见表 4-1。

表 4-1 四名教师对教材的熟悉程度对课堂提问质量和学生思维品质发展影响与否的访谈结果

教师	对教材的熟悉程度	是否影响课堂提问质量和学生思维品质发展
T1	不够熟悉	肯定影响
T2	一般	肯定影响
T3	比较熟悉	肯定影响
T4	非常熟悉	肯定影响

访谈结果显示，教师对教材熟悉程度会显著影响课堂提问质量，进而影响学生思维品质发展。教师对教材越熟悉，越能提出更加精准和有针对性的问题，激发学生进行深入思考。以下是 4 位教师的访谈记录，展示了他们对教材熟悉的不同程度及其对课堂提问质量的影响。

T1 教师："我在备课时对教材不够熟悉，这让我在授课时感觉不自信。我的提问缺乏深度，课堂也不够灵活，这对我的教学效果产生了负面影响。"

T2 教师："我对教材的熟悉程度一般。我试图在备课中更深入地理解教材，尤其是在阅读课上。但如果我对教材不够熟悉，我的课堂提问质量就会受到影响。"

T3 教师："我对教材比较熟悉，这让我能够根据学生的情况调整教学内容。我发现，更深入的教材理解使我能够提出更有针对性的问题，从而更有效地促进学生的学习。"

T4 教师："我对教材非常熟悉，所以我在备课时能更精确地设定教学目标。尽管我对教材有深入理解，但我仍在探索如何更有效地传授知识，特别是在理解重难点方面。"

上述案例表明，教师对教材的熟悉程度影响他们的教学策略和课堂提问的质量。教师对教材内容的深入了解不仅促进他们将个人认知、经验与教材的结构化知识相融合，还有助于将书本知识内化为自身知识体系的一部分。这种深度内化使教师在教学过程中能够更有效地运用各种教学策略，提出富有洞见的问题。此外，教师对教材的深入理解能够提高课堂互动的质量，这种理解的深化使教师能够精准捕捉到教学重点与学生认知能力的交会点，并据此设计出切合学生当前知识水平的互动问题和讨论主题。通过这种方式，教师能够激发学生深层次的学习热情、思考热情。同时，教师对教材中的关键点和内在逻辑的全面把握使其能够通过恰当的问题设置和及时反馈，激发学生的探究兴趣和批判性分析能力，促进学生对知识的深入理解，提升思维能力。① 因此，无论教师的教学经验如何，深入掌握教材内容都是提高教学质量的关键因素。

（2）教师在教材使用中的自主性情况

为了探究教师在教材使用中的自主性情况，笔者通过半结构式访谈，收集了 4 位教师的观点。

> T1 教师：“在备课时，我会对教材进行深入分析，而不是直接讲授。我会根据班级情况设计有助于理解教材的问题，促进学生思考和表达。我还会补充绘本或社会实践活动，以及与课程相关的知识拓展。例如，教授‘My family’单元时，我会让学生描述他们的家庭并绘制家庭成员，以此来拓展相关词汇和拓展学生思维。”
>
> T2 教师：“我会对教材进行补充，如在教授‘At the snack bar’单元时，我引入了《卖火柴的小女孩》绘本，让学生阅读后运用所学知识创编对话。我通常会通过网络资源和优秀课件来获取补充素材。”
>
> T3 教师：“我认为教科书内容不足以支持学生的全面发展，所以我会寻找相关的绘本和英语教学视频来补充。例如，在教授‘grandma’相关内容时，我会引入相关视频和歌曲来增强教学深度。”
>
> T4 教师：“我会使用官方教材，并补充其他教学资源。根据单元主题，我会搜索相关歌曲，并根据教学重点选择适合的绘本，无论是强调主题、语法，还是强调情感维度。”

可以看出，教师会通过补充教材来丰富教学内容，从而提高课堂互动质量和学生思维品质。一方面，补充教材可以提供额外的信息和案

---

① 朱艳艳．小学英语课堂有效提问的策略研究［D］．镇江：江苏大学，2023.

例，有助于学生从不同角度理解核心概念①；另一方面，多样化的学习材料能够满足学生个体差异，适应他们的学习风格和先验知识水平②。这种个性化的适配有助于学生对知识的深刻内化，从而促进他们思维品质的提升。此外，教师的创新性和主动性在教学过程中也发挥着重要作用，这彰显了他们对如何有效激发学生兴趣和提升学生参与度的深入思考。在教材使用过程中，教师借助于创新的教学策略和方法组织教材内容，根据学生的内在学习动机重新组织教学，进而积极引导学生参与课堂活动。与此同时，教师主动使用教材与补充教材的做法，反映了教师能基于学生的学习水平和需求调整教学方案。因此，基于教材的扩展设计科学而高效，能够更好地吸引学生的注意力，激发他们的学习动力，从而有效地增强学生的课堂参与度。

2. 教师对学生的准备

备课，作为教学工作的首要环节，是教师上好课的关键。备课不仅要备教材，还要备学生，二者是相辅相成的。③ 备学生是指教师从学生实际学习水平等各个方面了解学生的情况。只有在全面了解学生学习能力与知识基础的前提下，教师才能将教材内容与学生发展共置于教学质量背景下，设计出符合学生认知水平的提问体系。④ 结果显示，4 位受访教师认为在设计问题时，全面了解学生的认知基础与学习风格，会直接影响教师提问的针对性与有效性，进而影响教师的“教”与学生的“学”。

T1 教师：“备课时或在做教学设计时，对学生的了解和关注度，其实就是站在学生的角度去提问题，而不是站在教师的角度想问题。设置这个问题，假如我这样问了，学生能否回答上来？有没有话可说？他可能回答成什么样子？我也会关注学

① 毛雪军．小学高段阅读教学中课外补充资料的有效链接［J］．教学与管理（小学版），2017（12）：37-39.

② 曹林芳．资料补充在教学中的问题透视与优化路径：以六年级上册第二单元革命文化题材类课文教学为例［J］．语文建设，2023（24）：32-35，62.

③ 聂丽丹．熟手型-新手型教师高中英语课堂提问的比较研究［D］．漳州：闽南师范大学，2016.

④ 曾文婕．“备学生”新论［J］．中国教育学刊，2013（3）：46-50.

生的实际情况设计问题，看是设计得简单点，还是难一点，主要根据学生是否能回答出来。对学生的了解和关注度会影响课堂提问的效果。站在学生的角度想问题，学生就会给出比较有效的答案。如果教师光考虑自己备课，结果要么学生给不出答案，要么回答是无效的，那这个教学设计肯定也是无效的。”

T2 教师：“肯定要提前考虑到学生的实际水平。如果学生实际水平很一般，问题设计太难，学生肯定回答不上来；如果学生实际水平很高，设计的问题太简单，那么你的问题就属于无效问题。所以对学生的了解和关注度还是要有一些的。对学生的了解和关注度一定会影响课堂提问的效果。”

T3 教师：“学生底子弱，设计的问题相对简单。问题设计得简单一些，学生的积极性还高一些，设计得难，学生听不懂。对学生的了解和关注度肯定会影响课堂提问的效果。”

T4 教师：“自己带的学生我还是比较了解的，对学生的了解和关注度肯定会影响到课堂提问的效果。比如，我在设计课堂问题时会分层设计。水平弱的学生，可以问一些直观性、简单的问题，答案是比较固定的；对优等生我会问一些创设性的问题，培养学生的创造性思维，这种问题是开放性的，答案是不确定的。”

在备课阶段，教师对课堂提问的设计应以学生为中心，紧扣学生的认知基础与学习经验，从而确保教材实施的重难点与学生的学习水平契合。这种设计不仅能够确保问题能够紧密贴合学生的知识水平和兴趣点①，而且能够通过精准的问题设置引导学生深入理解核心知识点，从而高效地突破学习障碍。因此，本研究中的每位教师在备课过程中，均会结合自己对教材的理解和对学生情况的了解，努力设计出既能够激发学生兴趣，又能够有效促进学生学习的问题。以学生为中心的备课能够帮助教师紧扣实际、科学规划与有效发问，而对学生学情的系统掌握能够帮助教师设计出有层次、有阶段与有系统的问题体系。譬如，若问题

---

① 钱兵，张典兵．课堂提问观察指标体系的建构［J］．教学与管理，2018（13）：35-38.

难度过大，可能逾越学生的认知处理边界，导致认知负荷，阻碍学习进程。①

对于难以理解的知识点，教师可能会设计一些简化的问题，帮助学生实现最近发展区；而对于一些学生已经熟悉的内容，则可以设计一些更具挑战性的问题，引发学生深入思考。

因此，无论是新手型教师，还是熟手型教师，教学中的问题准备皆不能脱离学生的实际水平。基于学生学情的理解，4 位老师谈及如何进行问题准备。

T1 教师："备课时，根据教学目标、重难点设计问题时站在学生角度，将知识点尽量贴近生活，引起学生兴趣，遇到需要挖掘的知识点会根据学生情况适当挖掘。问题的提问不仅注重学生的认知经验，更要高于认知经验，引发思考，塑造品质。"

T2 教师："设计问题时，教学目标和重难点是大体上把握的方向，其次会根据学生情况，对知识点进行添补或者删除，设计时尽可能贴近学生认知水平，不能太难，也不能太简单。"

T3 教师："对学生相对比较了解，但是对教材相对陌生，设计时对重难点的把握不是很好，对教材整合一般，学生底子弱，问题大部分设计得比较简单。"

T4 教师："对自己的学生相对比较了解，对教材算是熟悉，设计时会首先考虑是否达到教学目标及解决教学重难点，但是对重难点的把握相对较弱。只有指向学生学习的提问，才能在学生经验与教材内容之间建立联系，进而激发学生的创新性与辩证性思维。"

可以看出备课教师始终注重使问题设计贴近学生的实际情况，确保能够有效把握教材的重难点，努力设计出能够激发学生兴趣、促进学生学习的问题。

这有助于提升学生思维品质。一方面，当问题设计紧密贴合学生的

---

① 蔡晓欣．认知负荷理论视角下的教学策略探究：以《包装的学问》为例［J］．小学教学设计，2023（32）：37-40.

兴趣时，它们能够有效激发学生的内在动机，进而促使学生更加主动地投身于学习过程之中。这种内在动机的增强是提升课堂互动质量的关键因素。① 另一方面，这种问题设计方式能够引发学生内在的认知冲突，激发其解决问题的内在动机，从而激活先前知识与新信息的连接，为深入理解及发展高阶思维能力做铺垫。

总之，无论教师的经验如何，对学生的深入了解和针对性教学设计都是提升学生思维品质的关键。教师通过精心设计的问题，促进学生积极参与发展思维，从而提高教学质量和学生的学习成绩。这表明教师对学生的准备不仅是教学成功的基础，也是促进学生全面发展的重要途径。

3. 教师对课堂提问问题的准备

"问题"通常被认为是学习的刺激因素，教师通过提出问题来激发学生思考和探索，而问题驱动的学习有助于培养学生的批判性思维和解决问题的能力。② 对于教师而言，提出引人思考的问题有助于激发学生的好奇心和求知欲，推动他们主动参与学习过程。问题驱动的学习同样也能培养学生的问题解决能力和自主学习能力。

通过归纳、分析与提炼访谈语料，我们得出4位教师课前问题设计情况。由表4-2可以看出，4位教师均认为提前设计课堂中使用的问题意义重大。但较为不同的是，接受访谈的T1、T2两位教师只设计部分问题，并没有设计所有问题；而T3、T4两位教师的问题都是提前设计好的。事实证明，课前问题设计的方式及其考虑因素具有比较大的个体差异性，由此出现多样化与个性化的问题设计。③ 另外，这4位教师均表示通过"问题链"阶梯式的提问，能够激发学生的兴趣，引导学生进行深入思考。

---

① 施林淼．一流大学基础学科拔尖学生内在动机变化及影响因素研究［J］．湖南科技大学学报（社会科学版），2017，20（6）：174-179.

② 杨铁．小学数学深度学习的"问题驱动"［J］．中国教育学刊，2021（11）：107.

③ 陈风珍．优化问题设计：浅谈如何进行小学语文有效课堂提问［J］．语文教学通讯，2021（16）：31-33.

表 4-2　4 位教师课前问题设计情况

教师	提前设计	必要性	问题设计方式	考虑因素
T1	大部分	有必要	书面（教案）、标识、思考	问题的难易度、重难点、学情
T2	部分	很有必要	标识、书面（教案）、思考	学情、内容的难易度、问题本身的因素
T3	是	有必要	标识、书面（教案）	问题的难易度、问题与授课内容贴切度
T4	是	有必要	书面（教案）、标识	问题的难易度、学情

【案例一：深入挖掘教材，设计高阶思维问题】

译林版《英语》五年级下册 Unit 1 Cinderella 的 Story time 板块讲述的是灰姑娘和王子的童话故事，教师想达成的教学目标是激活学生已有的知识，将学生聚焦到灰姑娘的人物形象上，深度挖掘人物形象特征，并与自身建立联系。教师对教材的深入理解能够提高课堂互动的质量，促进学生对知识的深入理解和思维能力的发展。因此，教师在准备问题时若仅局限于低阶思维问题的设计就明显不合适，要适当引入一些高阶思维问题，促进学生深度思考。教师的问题设计如下：

① Boys and girls, who can you see in the picture?

② Does Cinderella want to go to the party? Why?

③ What do you think of Cinderella?

通过以上问题设计，教师深度挖掘教材，设计高阶思维问题。首先，教师鼓励学生观察并对图片进行识别，这是对学生视觉识别能力的考查，也是鼓励学生对图像信息进行细致的分析和描述，从而锻炼他们的观察力和辨析能力。① 随后，教师通过第二个问题引导学生不要停留在角色的识别层面，而要深入角色的动机和情感状态，这需要学生从文本或故事情境中提取信息，然后进行逻辑推理，以理解角色的动机和行为，从而发展归纳和推断能力。最后，教师通过第三个问题引导学生聚焦于灰姑娘的人物特性——勤劳、优雅、勇敢，并在深度分析后与学生自身进行关联，促进学生深度思考。这不仅需要学生有对角色的深入理

① 张晓芒．逻辑思维训练［M］．北京：企业管理出版社，2006.

解，还要求他们运用批判性思维去评估角色的行为和性格，并尝试在此基础上提出自己独到的见解或创新性的解释。① 因此，这三个问题从基础的认知开始，逐步引导学生进行深层次的思考和分析，最终达到发展高阶思维能力的目的。

【案例二：基于学生学情，逐级深化提问类型】

教师在教授上述内容时，先为学生搭建思维脚手架，问学生："灰姑娘遇见王子之后，她的生活在哪些方面发生了变化？发生了哪些具体的变化？"先通过一系列低阶思维问题的"问题链"的设计帮助学生回顾和理解故事，然后再提出高阶思维问题，更有利于学生思维的发展。问题设计如下：

① Now, shall we discuss the story of Cinderella?（记忆与理解类问题）

② Can anyone remind us of what happened after Cinderella met the prince?（记忆与理解类问题）

③ How did Cinderella's life change after moving into the castle?（应用与分析类问题）

教师通过精心设计的"问题链"策略，层层递进地提出问题，旨在引导学生从基础知识的记忆与理解逐步过渡到更高层次的思维技能，如应用、分析、评价和创造。这种方法体现了教学设计对深度学习的追求，它鼓励学生超越简单的事实回顾，要求他们进行批判性思考和创新性思维。② 首先，教师通过记忆与理解类问题帮助学生回顾灰姑娘遇见王子后发生的事情，以及生活在哪些方面发生改变。这类问题需要学生筛选、组织和重构信息，这不仅是记忆的深化，也是信息处理能力的提升。此外，这类问题鼓励学生按照时间顺序和逻辑关系来组织语言，从而培养他们的逻辑思维能力。接着，教师提出应用与分析类问题，让学生分析变化的原因，引导学生思考这些变化对灰姑娘的影响，帮助学生理解灰姑娘的心理变化，以及事件对她内心世界的影响。此问题促进了

---

① 钟启泉．批判性思维：概念界定与教学方略［J］．全球教育展望，2020，49（1）：3-16.

② 梁静，赵云鹏，仇乐乐，等．聚焦深度学习的有机合成教学设计及实践［J］．化学教育（中英文），2024，45（2）：34-42.

学生的批判性思维发展，因为它不仅涉及对角色生活变迁的评价，还包括对这些变化的成因的深刻理解。学生被鼓励将童话故事中的情况与现实生活联系起来，进行因果推理，体现出高阶认知技能的运用。通过这样的分析性思考，学生的判断力和推理能力得以显著增强。在整个过程中，教师始终注重确保问题设计贴近学生的实际情况，努力设计出能够激发学生兴趣、促进学生学习的问题。

二、指向学生思维品质提升的问题提出

高效的课堂提问并非仅仅在课堂提问 3P 模式中的准备问题阶段，还在如何将这些问题有效地呈现给学生，也就是提出问题阶段。合理的叫答方式应能够吸引学生的注意力，引导学生进入深层次思考，并鼓励他们积极参与。① 相反，不合理的提问方式可能导致学生无法深入思考，甚至产生逃避答题的心理，阻碍学生的思维品质发展；问题与问题之间的间隔过短，也可能限制学生思维的深度，使得学生处于浅表学习。本研究通过课堂观察，将典型性和代表性的教师教学实例提炼出来，以便更好体现合理的叫答方式、候答时间对提升学生思维品质的作用。

1. 教师叫答方式分析

叫答方式强调教师通过提出问题引导学生思考，然后学生通过回答问题来参与课堂活动。这种方式有助于激发学生的思维，提高他们的参与度，并促进他们的深度学习。这种方式是一种积极参与和互动的教学方式，可以培养学生的批判性思维、沟通能力和问题解决能力等，而通过不同类型的问题，教师可以有目的地引导学生学习，并激发他们对知识的兴趣。

叫答方式的分类有很多种，笔者主要研究以下几类：先发问叫举手者、面向集体发问后齐答、先发问叫未举手者、先点名后发问、教师自答、学生自愿回答、面向小组发问后小组答。通过对 4 位教师的访谈，笔者发现 4 位教师主要采用的方式是面向集体发问后齐答，其次是先发

---

① 郝亚迪．学习机会公平视角下的课堂提问研究：基于上海市 S 区 Z 小学的课堂观察［J］．当代教育科学，2016（16）：48-52.

问叫举手者（表 4-3）。

表 4-3　单次课堂教学中教师叫答方式与频率统计

教师	是否叫答	叫答方式（叫答频率）
T1	是	先发问叫举手者（3）、面向集体发问后齐答（4）、先发问叫未举手者（0）、先点名后发问（2）、教师自答（3）、学生自愿回答（1）、面向小组发问后小组答（1）
T2	是	先发问叫举手者（4）、面向集体发问后齐答（5）、先发问叫未举手者（1）、先点名后发问（1）、教师自答（0）、学生自愿回答（0）、面向小组发问后小组答（1）
T3	是	先发问叫举手者（3）、面向集体发问后齐答（6）、先发问叫未举手者（1）、先点名后发问（3）、教师自答（2）、学生自愿回答（1）、面向小组发问后小组答（1）
T4	是	先发问叫举手者（5）、面向集体发问后齐答（5）、先发问叫未举手者（1）、先点名后发问（4）、教师自答（1）、学生自愿回答（0）、面向小组发问后小组答（0）

其中，T3、T4 教师运用先点名后发问的比例要比 T1、T2 教师多，少部分教师喜欢自问自答，但 4 位教师几乎都不用“学生自愿回答”这种叫答方式。

关于叫答方式的差异化原因，4 位教师这样解释。

T1 教师：“问题比较简单、基础的，希望全班集体齐答。对于注意力不集中或拔高性的问题我会用点名的方式，而自愿回答的问题一般都是简单的问题。问题太难，学生主动性较低，会把学生吓住，学生不愿意回答。”

T2 教师：“问题简单的，喜欢集体回答。点名要看问题的难易度或者学生的注意力集中度。”

T3 教师：“有些学生能回答出来的就让学生自愿回答，但是这两个班的通病是学生不爱举手，喜欢集体回答。而集体回答的问题都是简单的。点名的方式一般在讲练习时会采用得多一些，尤其针对没有听讲的学生。同时讲练习我喜欢以排或列的方式叫学生回答。”

T4 教师：“以阅读课为例，每节课都有不同的阅读任务，比较简单的 main idea 若设置单选，我喜欢让学生集体回答。

一是比较节约时间，二是问题答案也比较简单，学生可以通过一起回答的形式，提高做题效果。学生注意力不集中或需要单独检测学生对这道题的理解时，我会采用点名的方式，或者以一排或一列的形式让学生轮着说。有些学生想要表达自己的想法时，会主动回答。”

从以上访谈结果可见，通过集体回答简单问题，可以增强学生的记忆和理解能力，同时营造积极互动的学习环境。点名回答则用于检测学生的注意力和对课堂内容的理解深度，有助于发展学生的批判性思维和即时反应能力。自愿回答虽然鼓励了学生的主动学习和创设性思维，但需要教师巧妙引导，以避免难度过大抑制学生的参与意愿。因此，考虑到学生可能因为怕回答错或害怕公开发言而犹豫，教师倾向于通过其他方式来确保课堂上的有效互动和学生思维能力的全面发展。

通过观察课堂，笔者发现教师为了促进全体学生的思维品质发展，会灵活调整提问方式。一方面，学生的学习风格和能力各不相同，因此采用多种提问方式能够满足他们各自的认知需求，并确保每名学生在其最佳适应区得到适当的挑战与支持。① 另一方面，通过运用多元化的提问策略，教师能够促使学生进行深层次的认知加工，进而推动批判性思维和分析性思维能力的发展。根据观察，T2 教师在教学过程中采用小组合作的叫答方式，可以更有效地促进学生思维品质发展。小组合作的叫答方式要求学生参与到信息的深度处理中，包括分析、评价和创造，而不仅仅是信息的被动获取。这种深度加工有助于提高学生的记忆力和理解力。② 除此之外，在小组合作中，学生可能会听到不同的观点，进而产生不同的解题思路，这种认知碰撞促使他们重新审视自己的想法，调整或完善自己的理解，从而提升批判性思维能力。新课标鼓励以学生为主体，让学生自主学习，教师只是引导者和辅助者，学生应该充分结合小组合作探讨的方式，主动学习知识，而不是被动接受教师的知识灌输。

---

① 闫国娥．提问策略在英语课堂教学中的应用［J］．教学与管理，2011（15）：139-140.

② 滕卓越．核心素养下小组合作学习在初中英语阅读教学中的应用研究［D］．烟台：鲁东大学，2022.

以下是 T2 教师灵活调整提问方式，运用小组合作的叫答方式的具体案例。

以译林版《英语》五年级下册 Unit 8 Birthdays 的 Story time 板块为例，讲述的是来自中国的苏海和来自英国的迈克谈论自己如何过生日。在教学过程中，教师试图通过图片引导学生感知全球各地的人生日庆祝方式的融合和变化。在授课过程中，定式化教学往往强调标准化流程和统一性结果，忽略学生个体差异、学习风格和认知发展阶段的多样性，限制对学生创造性思维和批判性思考能力的培养。因此，在教学过程中，教师须挑战定式化教学，灵活调整教学策略，以提升教学效果和学生思维品质。例如，在给全班讲解的过程中，用小组合作的叫答方式作为补充，不仅有助于课堂提问的公平性，而且可以提升学生思维品质。在小组讨论的过程中，不同学习水平的学生可以相互启发，共同理解问题。因为所有学生都有思考的基础，后续的提问环节则更公平。

T：Look at these pictures，class. Let's work in small groups and discuss what different ways people are celebrating birthdays here. After the discussion，each group will show what you find.

(*5 minutes*)

T：Now，let's share our findings. Group 1，can you share what you discussed?

S1：Some people are eating birthday cakes.

T：Yes，it's easy to find that. Many cultures celebrate birthdays with cakes. Group 2，what did you find?

S2：Some people are eating noodles.

T：Excellent! In some cultures，eating long noodles shows a wish for a long life. Now，let's try to find the differences between them. Group 3，can you share your thoughts?

S3：Both are about food，but one is sweet and the other is not. And we usually share a cake，but not noodles.

T：Good thinking! For our next discussion，let's think about

other birthday traditions around the world.

上述过程通过引入小组讨论元素，不仅鼓励了更多学生的参与和互动，还为每个人提供了公平的表达机会，从而加深了他们对各地生日庆祝方式的理解。小组讨论作为一种合作学习方法，不仅促进了深层次的思考，而且提高了学生的认知水平。① 这种方法鼓励学生在团队中共同构建知识体系，使不同认知水平的学生能够通过相互帮助与交流深化对教学内容的理解。此外，小组讨论还强化了学生的团队合作能力，培养了他们接纳并尊重多样观点的能力。小组互助和讨论为后续课堂提问和参与提供了坚实的基础，确保所有学生从一致的起点出发，参与到问题解答中，保障了提问环节的公平性。② 此种教学模式优化了信息的交换与处理流程，同时培育了学生的协作精神和独立思考能力，对于促进个体综合素质的发展具有重要的教育意义。

2. 教师候答策略分析

候答时间是提出问题阶段的重要环节之一。教师在这一阶段提出问题之后，应该给予学生充足的时间思考，让学生在所学的新知识与已有的旧知识之间建立联系。研究表明，教师给予的候答时间长短在一定程度上影响学生回答问题的质量，并且教师需要根据不同的提问类型，安排适宜的等待时间。③ 结合课堂观察得知，教师在提问低阶思维问题时会比提问高阶思维问题的等候时间短。对于高阶思维问题的提问，教师会延长等待时间，以便学生能够更深入全面地思考。譬如，T3 教师能够灵活根据问题类型，采用不同的候答时间，让学生有充分的机会思考并组织语言，有助于培养学生的独立思考和分析问题的能力。

以译林版《英语》五年级下册 Unit 8 Birthdays 的 Story

---

① 王芳芳．小学语文学习共同体的建构研究［D］．武汉：华中师范大学，2022.

② 林良夫．国外中小学教学中的“小组讨论法”［J］．外国中小学教育，1988（2）：23-24.

③ 王耀慧，刘树仁．利用课堂提问促进深度学习的策略研究［J］．教学与管理，2018（33）：101-103.

time 板块为例，该章节主要讲述来自中国的苏海和来自英国的迈克谈论自己如何过生日。在教学过程中，对于低阶思维问题，教师不需要延长等待时间，因为低阶思维问题通常涉及回忆或识别知识，这些问题处理速度相对较快。因此，学生对这类问题的反应时间通常较短，延长等待时间可能不会显著提高学生的回答质量。① 而对于高阶思维问题，延长等待时间可以为学生提供更多的认知处理时间。这种延时允许学生充分调动先前知识和相关经验，以便更全面地探索问题、评估各种解决方案的可行性，以及生成具有深度创新性的回答。② 表 4-4 为 T3 教师在教学中的候答过程与师生互动对话片段。

表 4-4　教学中的候答过程与师生互动对话片段

起止时间	师生互动（T/S）	互动内容
20 分 47 秒—21 分 04 秒	T	Can you tell me the differences between Su Hai's and Mike's birthdays? I want you to think about the food they eat, and what they do on their birthdays. Please take a moment to think before answering.
21 分 05 秒—21 分 07 秒	T	Okay, who would you like to share their thoughts?
21 分 08 秒—21 分 09 秒	S1	They eat different food.
21 分 10 秒—21 分 19 秒	T	Very good, they eat different food. What food do they eat?
21 分 20 秒—21 分 25 秒	S2	Su Hai eats noodles on her birthday, but Mike eats birthday cakes. And, they do different things. Su Hai has a big dinner and plays with Kitty, the cat, while Mike has a party and plays some games.

在教学过程中，教师显著延长了学生思考的时间，并在提

① Borich, G. D. *Effective Teaching Methods* [M]. Paramus, NJ: Prentice Hall Press, 2006.

② 刘宏霞，赵蔚新，李文章．课堂教学中的“提问与候答”研究 [J]．化学教学，2013 (10)：17-19.

问之前明确地告诉学生聚焦哪几个方面去思考。首先，教师提出第一个问题，要求学生比较 Su Hai 和 Mike 的生日庆祝方式，并特别关注他们所食用的食物及生日活动的差异，并在提问时强调了思考的重要性，鼓励学生在回答之前进行深入的思考。随后，教师根据学生的回答提出了第二个问题，这个问题不仅确认了学生对第一个问题的理解，还进一步引导学生提供关于食物的具体信息。通过这种分层的提问方式，教师有效地促进了学生对原始信息的深入分析和处理。这体现了教师对学生思考过程的重视，并认识到延长候答时间的价值。这样学生可以开展诸如辨析、归纳、判断等更为复杂的高阶思维活动，从表层学习转向深度思考，发展反思和批判性思维，从而进一步从多个视角审视问题，并对各种潜在答案进行深入的评估和筛选，最终提高答案的质量。

课堂观察证明，候答也是提问策略之一。第一，候答本身属于个性化教学范畴。教师在回答学生的问题时，可以更好地了解每个学生的学习风格和水平，有助于实施个性化教学，满足学生的差异化需求，提供更有针对性的支持。第二，候答能够促进学生思考。候答不仅仅是教师提供答案，更是引导学生思考问题，可以激发学生的好奇心，引导他们深入思考问题，培养批判性思维能力。第三，候答过程可以创设积极的学习环境。教师积极回应与等候学生提问，有助于营造良好的学习氛围，使学生感受到他们的问题受到重视，促使他们更愿意参与课堂活动，提高学习的积极性。第四，候答同样为学生示范解决问题的方法。候答不仅仅可以展示学生解决问题的方法和思考过程，更有助于学生学会正确的问题解决策略，培养他们解决问题的能力。① 第五，候答能够促进课堂互动。候答是课堂互动的一种形式，有助于加强师生之间、学生之间的交流，而这种积极的互动可以提高学生课堂的参与度，使学习更具活力。第六，候答能够建立良好的师生关系。在候答过程中，教师与学生之间建立了更紧密的关系，使学生感到教师对他们的问题有所关

① 刘宏霞，赵蔚新，李文章．课堂教学中的“提问与候答”研究［J］．化学教学，2013（10）：17-19.

注并积极做出回应，有助于增强师生之间的信任和沟通。①

综合而言，本实验教学过程中的课堂观察表明，恰当的候答是教学中一种有效的互动方式，能够激发学生的学习兴趣，培养学生的批判性思维与创新性思维。

三、指向学生思维品质提升的处理回应

在课堂提问 3P 模式的过程中，处理回应阶段对于塑造学生思维品质起着决定性的作用，因为它既是评估学生理解的重要途径，也是推动他们深入思考和探究的机会。② 在本研究所观察的课堂教学中，教师不仅关注学生的回应内容，给予合理的理答；还注重如何给出反馈，促进学生的思维发展和学习。

1. 教师理答方式分析

理答是课堂提问 3P 模式中处理回应阶段的一个重要环节。教师采用的理答方式不仅影响课堂问题的有效性，还会对学生的回答产生重要影响，合适的理答方式将会提升学生的积极性、成就感，也有助于营造和谐的课堂氛围。③ 本研究在借鉴前人研究成果的基础之上，将理答方式主要分为诊断性理答、激励性理答及发展性理答。其中，诊断性理答指的是对学生回答的问题的答案做出正确或是错误的判断，肯定的判断包括简单肯定、机械重复和意义重复，否定的判断包括简单否定和纠正。激励性理答指的是以激励为目的的理答，其中包括简单表扬和激励表扬。发展性理答指的是在学生回答不充分的情况下教师再次组织问题对学生进行提问，其中包括追问、转问、探问和反问。

经统计，笔者发现 4 位教师运用诊断性理答及激励性理答方式较多（表 4-5），其中教师最常使用的是简单肯定和简单表扬，在发展性理答方式的运用上，教师使用追问的方式最多，虽然有使用转问的方式，但

---

① 施卫卫．生态观视域下初中数学课堂候答的教学策略［J］．教学与管理，2022（22）：50-54.

② 孙博．基于 QUILT 框架培养高中生物理课堂提问能力的实践研究［D］．伊宁：伊犁师范大学，2023.

③ 程良宏，白珊．引向深度学习的课堂理答及其实践策略［J］．课程・教材・教法，2023，43（4）：67-74.

使用率不高，探问和反问的使用率最低。

表 4-5　课堂教学中教师理答方式与频率统计

教师	是否理答	理答方式（理答频率）
T1	是	诊断性理答（6）、激励性理答（5）、发展性理答（1）
T2	是	诊断性理答（8）、激励性理答（4）、发展性理答（0）
T3	是	诊断性理答（4）、激励性理答（7）、发展性理答（3）
T4	是	诊断性理答（2）、激励性理答（5）、发展性理答（1）

为了进一步探求教师使用各种理答方式的具体原因，笔者基于上述现象对教师进行了访谈。

T1 教师："比如，英语教材书中的一些插图，学生的回答只限于插图或者绘本内容层面，无法对绘本中的象征元素进行深度理解和分析。其实这一点也不意外，因为小学生的认知发展还没达到很高水平，所以我会比较耐心，再通过追问引导他们回答出深层次的含义，这样能够启发学生的创新思维，拓宽认知边界。"

T2 教师："一般当学生还没回答出我想到的答案时，我不会立马给出答案，而是重述一下或者换一种表述方式，给一些时间让学生自己思考，使学生能够充分酝酿，批判性地分析问题。"

T3 教师："我虽然比较熟悉这些学生，但还是没办法判断这些学生是否能够回答我的问题，所以我设计问题时就设计得偏容易。问题设计得简单，同学们也能回答出来，然后我会对学生进行肯定和表扬，这样有助于学生对经验进行归纳与整理，促使其发展思维品质。"

T4 教师："有时候我觉得现在的学生应该能够理解这篇英语阅读文章背后的主旨了，但是当我提出问题时，没有学生举手回答，我才知道学生还没理解我的问题，所以我只好再换种表述，以便启发学生思考。"

以 T1 教师为例，她认识到要结合学生的思维品质发展水平和层次，在追问时要设定与学生最近发展区相匹配的问题。一方面，通过设计与学生最近发展区相适应的追问，教师能够挑战学生当前的认知水平，并激励他们运用包括分析、综合和评价在内的高阶思维技能。① 另一方面，面对难度适中的问题，学生在探索和解决问题的过程中，能够锻炼和提高自己的逻辑推理、概念理解能力和创新思维。②

在以下的具体案例中，T1 教师能够根据学生思维层次，选择适宜认知层次的“追问”。

译林版《英语》六年级下册 Unit 5 A party Checkout time & Revision 板块，讲述儿童节，几个孩子在迈克家举行派对的事情，在教学过程中教师引入了绘本故事 Bert and Beth Plan Grandpa's Party。故事讲述了伯特和贝丝一起筹备爷爷的生日派对，他们给爷爷画了画，买了鲜花，为爷爷准备了精彩的派对节目，并给了爷爷一个大大的拥抱。教师希望通过绘本故事的引入，让学生感知到爱是一个派对最好的礼物。教学片段如下：

T：I think you read the story very well, class. Do you remember what they are going to bring to the party?

S1：They are going to bring some pictures and flowers.

T：That's right. The party is full of gifts. What are they going to do for the party?

S2：They are going to dance, do tricks and sing songs.

T：Good job! So what makes up the party besides the gifts?

S3：Games. The party is also full of games.

T：Excellent! After reading the story, what do you think is Grandpa's favourite gift?

S4：A big hug.

T：Why is the big hug Grandpa's favourite gift?

S5：Hug means love. And love is Grandpa's favourite gift.

---

① 李刚，侯恕，唐恩辉．最近发展区理论指导下的中学物理实验追问式教学［J］．物理教师，2015，36（7）：7-9.

② 李亚明．高中物理课堂如何做到有效提问［J］．物理教学，2014，36（10）：4-6，26.

T：Good thinking！Love is not only the best gift for Grandpa，but also the best gift for the party！

教师通过追问“你认为这个派对除了礼物还有什么？”“为什么一个大大的拥抱是爷爷最好的礼物？”等一系列问题，启发学生高阶思维。“你认为这个派对除了礼物还有什么？”要求学生扩展他们的思考范围，分析派对的不同要素，这是对分析能力的初步激发。而当教师问“为什么一个大大的拥抱是爷爷最好的礼物？”时，学生被引导去探讨礼物背后的情感价值和人际互动的深层含义。这要求学生运用归纳能力和推理能力去理解和解释文本中的隐含信息。此外，在每次提问后，教师都能够根据学生的回答情况进行追问层次的调整。一方面，这种追问层次的调整，实际上是实施了一种认知适配策略，旨在通过调节问题的复杂性与深入程度来匹配学生当前的认知能力。这种逐层化的追问方法能有效引领学生递进地构筑更为精密与综合的知识体系。① 另一方面，教师通过有策略地调整追问的深度和复杂度，能有效促进学生的认知深入，并引导他们从多样化的角度进行综合性分析和批判性评价，进而发展高级思维，尤其是批判性思维。

综上所述，一方面，教师能够通过理解学生提问并提供回答，有效地检测学生对教学内容的理解水平，继而调整教学策略，确保学生对关键概念的理解程度。这一过程有助于教师更好地了解学生的学习需求和差异，为实施个性化教学提供依据，满足学生个体差异。另一方面，积极有效的理答过程能够促进学生深层次学习，引导学生深入理解知识，提升他们的思维深度，培养学生的批判性思维和分析能力。② 在整个教学过程中，教师理答是促进师生互动、提高学生学习效果的重要环节。教师通过理解学生提问并给予适当回答，更好地满足学生的学习需求，推动学生思维品质的发展。

---

① 张春莉，宁丽曼．不同水平问题的小学课堂提问实证研究［J］．课程·教材·教法，2011，31（10）：35-40.

② 程良宏，白珊．引向深度学习的课堂理答及其实践策略［J］．课程·教材·教法，2023，43（4）：67-74.

2. 教师理答效果分析

通过访谈，笔者发现这 4 位教师更多采用积极的反馈方式，即对学生的回答予以鼓励、表扬。积极反馈能够激励学生对新的领域进行探索，并促使他们尝试采用创新性的方法来解决问题。教师的反馈素养对于学生的思维品质发展是极其关键的。如果教师缺乏必要的反馈素养，就不能精确评估学生的学习状况并给出有针对性的指导，从而导致学生难以获得确切信息以识别学习过程中的错误和改进点。①

这种积极的反馈方式不仅强化了学生的探究行为，还促进了他们的创新思维能力的发展。但 T3、T4 教师的反馈往往仅停留于使用“正确！”“很好！”“做得好！”等来回应学生的回答。此类表层反馈未能指明具体的改善途径或进行深入分析，将导致学生产生自我满足，错误地认为已实现最优表现，从而降低对自身认知模式及行为进行挑战的意愿。② T1、T2 教师的反馈方式则多样，对于简单问题的回答会采用简单的积极反馈方式，也会采用构建“问题链”等给予学生积极反馈。“问题链”通过设计一系列有序且彼此关联的问题引导学生超越表层的知识获取，进入深度思考的认知阶段，并要求学生整合和应用知识，而非仅仅被动接收信息。③ 这会促使学生的认知结构发生变化，并形成新的认知能力，从而提升他们处理复杂信息和解决问题的能力，进而促成学生思维品质的发展。

4 位教师在得到学生回答后，给予的反馈如下。

> T1 教师：“学生回答之后，首先肯定要从他们回答的正确与否出发，回答正确，肯定是需要给学生正向的积极反馈的。其次要结合问题的难易程度再给予学生反馈，如果确实提出的问题很难，即便学生没有回答正确，我也会鼓励学生，并且再用语言引导学生回答，这样能够提高学生的学习信心，鼓励其

---

① 董艳，罗泽兰，杨韵莹，等．教育信息化 2.0 时代视角下的教师反馈素养研究［J］．电化教育研究，2021，42（8）：35-42，58.

② 林正军，周沙．中学英语课堂教师反馈语的类型与特征研究［J］．外语教学理论与实践，2011（3）：15-22，34.

③ 楼优奇．基于意义建构的高中英语结构化阅读教学探索［J］．上海教育科研，2023（10）：78-83.

进行批判性思考。”

T2 教师：“有时候让学生在小组内自由讨论，这类讨论的问题往往没有绝对的‘正确’答案，所以我会结合每个学生的观点进行反馈评价，不会直接告诉他们回答是否正确，这有助于帮助学生归纳问题，整理材料，尽可能多地开展头脑风暴。”

T3 教师：“关于鼓励、表扬学生的话语我还是积累太少了，基本上采用‘很好’‘对的’‘没错’等词汇对学生的回答进行反馈，这样不仅不利于学生对回答的深入理解，还会影响课堂教学的针对性与有效性。”

T4 教师：“虽然知道一些简单的夸赞对现在的学生思维品质的提升起不到很大的作用，只是让学生获得一些成就感和满足感，但是我也不知如何有效反馈才能引导学生向更高阶的思维品质发展。”

通过课堂观察，笔者发现 T1 教师善于给予积极的反馈，在课堂教学中产生了良好的效果，并且通过构建“问题链”的方式，引导学生在课堂中积极思考，积极参与课堂提问。以下案例为 T1 教师反馈的具体情况。

译林版《英语》六年级下册 Unit 5 A party Checkout time & Revision。该板块讲述在儿童节这天几个孩子在迈克家举行派对的事情。在教学实践中，教师应预留思考时间，让学生构思并提出问题。一方面，预留思考时间使学生能够参与深度信息处理活动，例如，辨识、关联和反思活动，这些活动有助于构建精细且全面的认知网络。① 另一方面，在教学过程中，教师通过安排适当的思考时间并鼓励学生主动提问，培养学生自我提问的习惯，增强独立思考的意识。这种做法促进了高阶思维的发展，为学生的认知发展拓宽了新的视野。② 此外，鼓励学

① 蔡甜甜，刘国祥，宁连华．数学课堂留白艺术的理论探析与实践反思［J］．数学教育学报，2018，27（6）：29-32.

② 陈昌龙，蒋喜华．学生自主提问的理念观照与赋能策略［J］．中学政治教学参考，2022（11）：90-92.

生在小组活动中互相提问题，能提升他们的提问技巧。其原因在于通过这样的练习，学生能够深入了解同伴的思考方式，从而能够借鉴有效的策略来提高自己的提问能力。教学片段如下：

T：Alice is very busy. Her friends are going to help her. Do you want to know what they are going to do? You can ask some questions about their birthday party plan.

S1：When is the party going to begin?

S2：When is the party going to the end?

S3：Who is going to the party?

S4：Where is Alice going to have the party?

S5：What are they going to bring to the party?

S6：What are they going to do at the party?

T：You have so many good questions. I'm so impressed. Now let's read the notes and try to answer the questions that you put forward. You can work in pairs，ask and answer.

在此教学片段中，教师引导学生以"生日派对"为主题提出问题，但在提问过程中，并未提供关于派对的任何信息，而是激励学生主动构思相关问题。这种方法使学生从被动的知识接收者转变为积极的学习参与者，鼓励他们深入思考并参与到学习过程中，从而实现了以学生为中心的课堂提问。① 除此之外，将学生置于一个需要主动探索和求解的学习场景中，不仅能够激发他们对未知信息的好奇心，而且在考虑派对的不同要素时，他们必须使用逻辑推理，这个过程锻炼了学生的思考能力。

同时，通过构建"问题链"——如派对的时间、参与者、地点及准备物品等，学生展示了对"生日派对"的深度理解，从多角度思考，进而提升了批判性思考和问题解决能力。一方面，"问题链"的构建激发了学生在多层面上对信息进行综合加工的需求，进而促进了他们对问

① 李颖．英语阅读教学中以有效设疑发展高阶思维的探索［J］．教学月刊（中学版），2017（C4）：57-60.

题的深入理解。[①] 这种认知过程的深度加工为发展批判性思维能力奠定了坚实的基础。另一方面，学生在分析派对的各个构成要素时，被引导进行全面的问题维度识别与分析，这种全方位的分析能力是高效问题解决过程中的先决条件。

在小学英语教学实践中，教师对课堂提问的理解和实施策略对于提问策略的实践效果具有显著影响。这是因为课堂提问不仅是传授知识的方式之一，更是激发学生思维、引导他们深入理解知识的关键环节。[②] 教师理解提问的目的与方式，决定了问题提出的深度、广度及提问的时机，从而直接影响到学生对知识的接受与理解。[③] 而教师的实施策略，包括提问方式、语言表达、反馈机制等因素则会直接影响学生参与提问的积极程度和回答问题的质量。即使在采用相同的提问模式下，不同教师对提问的不同认知也可能导致提问效果的差异化。

本研究中的小学英语教师能充分认识到提问在课堂教学过程中的重要作用，以及其在促进学生学习成效和思维能力提升方面的积极影响。为了使提问效果最大化，教师采纳了基于 3P 模式的提问策略，包括准备问题、提出问题及处理回应三个阶段。在准备问题阶段，教师精心设计问题以激发学生的好奇心和探究欲；在提出问题阶段，教师适时地向学生提出挑战性的问题，引导他们深入思考；在处理回应阶段，教师对学生的回答进行有效的反馈和引导，促进学生对知识的理解和内化。值得注意的是，尽管教师遵循 3P 模式进行课堂提问，但提问的具体时机并没有固定的模式，这表明教师在实践中展现出一定程度的灵活性和适应性，以适应不同教学情境和学生的反应。这种动态调整提问时机的能力，是教师专业素养的体现，也是有效教学的重要组成部分。[④]

在小学课堂环境中，教师准备问题、提出问题及处理回应三阶段之

---

① 孙海锋．基于问题链培育初中生数学高阶思维的教学策略［J］．教育学术月刊，2023（3）：100-106.

② Gayle, B. M, Preiss, R. W. & Allen, M. How effective are teacher-initiated classroom questions in enhancing student learning ［J］. *Classroom Communication and Instructional Processes: Advances Through Meta-analysis*, 2006: 279-293.

③ Tofade, T., Elsner, J. & Haines, S. T. Best practice strategies for effective use of questions as a teaching tool ［J］. *American Journal of Pharmaceutical Education*, 2013, 77 (7): 155.

④ 裴晨阳，夏军，徐琴．核心素养视域下高中化学教学中的提问时机研究：以“铁及其化合物”教学为例［J］．化学教学，2023（5）：42-47.

间形成了紧密的互动关系，它们之间的协同效应对于促进学生的认知发展具有不可忽视的价值。准备问题阶段是这一过程中至关重要的起始环节，它要求教师在设计问题时细致考量问题的层次结构，包括问题的开放性、关联性以及对学生认知挑战的程度。教师需要确保问题能够与学科的学习目标紧密对接，同时具备激发学生批判性和创造性思维的潜力。① 此外，在准备问题的过程中还需要考虑到如何通过问题来建构一个支持学生进行信息整合、概念深化和知识迁移的学习环境。这意味着问题应当能够引导学生连接新的信息与已有的知识框架，鼓励他们通过高阶思维技能如分析、评估和创造来探索答案。② 因此，准备问题的完备性和综合性直接影响到学生思维品质的提升。在提出问题阶段，教师运用多样化的提问方法来促进学生积极参与和发展认知。这些方法包括先发问叫举手者、面向集体发问后齐答、先发问叫未举手者、先点名后发问、教师自答、学生自愿回答及面向小组发问后小组答等。通过对不同叫答方式的巧妙运用，教师能够有效引导不同层次的学生深入思考，拓宽他们的思维视野，并激发他们内在的求知欲望。③ 此外，通过这些策略，教师可以更好地实现分层提问，针对不同学生的能力水平设计适宜难度的问题，从而更精准地满足每个学生的学习需求，激发他们的主动参与意识和推动认知能力的提升。④ 例如，教师可通过设计阶梯式问题并结合不同的提问方式为不同能力层次的学生提供对应的认知挑战，促进他们在适宜的难度水平上进行深度学习和批判性思考，也可以利用提问激发同伴间的互动交流，引导学生相互阐释和辩论，这不仅加深了学生对知识的理解，而且促进了合作与沟通能力的发展。通过这种提问策略的灵活应用，教师能有效激发学生的学习热情，优化教学流程，并显著提高教学成效。在处理回应阶段，根据学生回答的反馈，教师须关注学生的认知进程，并进行相应的教学调整，具体来说，教师应根据学生的回答内容，设计并提出进一步的导向性问题，这些问题既能够引导

---

① 朱艳艳．小学英语课堂有效提问的策略研究［D］．镇江：江苏大学，2022.

② Ong, K. K. A., Hart, C. E. & Chen, P. K. Promoting higher-order thinking through teacher questioning: a case study of a Singapore science classroom［J］. *New Waves-Educational Research and Development Journal*, 2016, 19(1): 1-19.

③ 赵宝霞．小学英语教师课堂提问中存在的问题与对策研究：以河南市 X 市小学为例［D］．新乡：河南师范大学，2020.

④ 赵鑫．分层提问在初中英语阅读教学中的应用研究［D］．聊城：聊城大学，2023.

学生进行深度思考，也能够适时纠正他们在理解上的偏差。① 通过这种精心构建的问题回应机制，教师不仅促进了学生对问题的深层次探究和批判性分析，而且有助于培养学生的高阶思维能力。同时，教师可以利用这一机会来诊断学生的知识掌握情况，及时调整教学策略，确保学生能够在不断变化的认知需求中保持有效学习。此种互动式的问题处理回应方法，是落实差异化教学和促进个体化学习的关键手段，它强化了教师作为认知引导者和学习促进者的角色，从而优化了整体的教学效果。

课堂提问 3P 模式中的准备问题、提出问题和处理回应三个环节在教学互动过程中形成了一个动态且连续的循环系统。该系统的初始阶段要求教师在备课时深度地构思问题，这不仅涉及对问题难度和内容的综合考量，还包括对提问策略的预先规划与筹备。问题的深度与广度直接决定了课堂提问策略的实施成效，而有效的提问策略则能显著促进学生批判性和创造性思维能力的提升。在提出问题阶段，教师的策略选择对后续的处理回应阶段产生了决定性的影响。教师必须根据学生的实时回答灵活调整其问题处理策略，以便提供针对性的指导和反馈。② 这种调整不仅确保了学生能够获得必要的认知支持，同时也为他们提供了纠正理解偏差和加深知识理解的机会。最终，处理回应阶段的反馈成了下一教学周期问题设计的重要信息来源。对这些反馈信息的细致分析，使得教师能够更加精确地掌握学生的学习进展和认知需求，进而在问题设计上做出优化，实现教学内容和提问策略的个性化调整。这种精细化的适应性调整，不仅体现了教师作为教育实施者的专业性和主动性，而且要求其在不断变化的教育环境中持续进行教学策略的优化。此外，这种教学模式强调了教学过程的连续性和迭代性，教师需要在整个教学周期中不断地评估和反思，以确保提问策略与学生的实际表现和学习需求保持一致。在这一过程中，教师的观察力、判断力及灵活运用多种提问技巧的能力，成为提高教学质量的关键因素。通过这种系统性的提问模式，教师能够创造一个充满挑战与支持的学习环境，激发学生的参与积极性，促进他们在语言能力和综合素质方面得到全面发展。

---

① 何光峰，曾志红．教师提问与反馈存在的问题及改进：基于 10 节初中语文录像课的实证研究［J］．基础教育课程，2019（7）：48-54.

② 商晓星．小学英语课堂有效提问策略探究［J］．英语教师，2023，23（5）：97-100.

基于 3P 模式的课堂提问框架对于促进学生认知能力的发展具有显著效果。教师通过对问题的精心筹备、对提问策略的恰当运用，以及对问题处理回应的有效执行，系统性地构建了提升学生认知技能的教学环境。在这一环境中，教师的角色转变为引导者和促进者，他们通过精心设计的问题激发学生深入思考，引导学生掌握识别、分析和解决问题的技能，从而强化学生对问题本质的理解与培养深层次思维。这种教学环境的构建不仅有助于学生对知识的理解，更能够培养他们的独立思考和解决问题的能力。此外，3P 模式着重于逻辑思维的发展，训练学生从多元视角审视问题，并对不同解决策略进行评估。① 这种方法论进一步促进学生在学习和反思过程中的自主性，逐步增强他们解决问题的能力。同时，教师通过目标导向的问题设计和适应性的问题回应，激发学生的创造性思维，引导他们提出创新性的解决方案。由此而言，课堂提问 3P 模式的实施不仅有助于培育学生在语言习得过程中的思维能力，还能帮助学生在认知技能提升过程中优化语言运用。该教学策略全面促进了学生探究能力、批判性思维、合作精神的发展，在提升思维品质和综合素养方面发挥了重要作用。

---

① 钟启泉. 批判性思维：概念界定与教学方略［J］. 全球教育展望，2020，49（1）：3-16.

第五章　课堂提问 3P 模式提升小学生思维品质的路径

综合分析，新手型教师与熟手型教师在运用课堂提问 3P 模式时会呈现出不同的结果，从而影响学生思维品质的发展。为了进一步提升不同教师的课堂提问策略和提升小学生思维品质，需要从学生、教师、教研三个方面予以改善。

一、聚焦学生思维品质，优化课堂提问模式

1. 聚焦思维目标，积极准备问题

课堂提问中合理的问题层次与问题数量、适当的候答时间及高质量的叫答类型，可以增加师生之间的互动、增进师生之间的情感，使学生体验更加积极的课堂氛围，促使学生更愿意参与课堂，从而能够启发学生高阶思维发展。① 因此，为取得更好的课堂教学效果和培养学生的高阶思维品质，新手型教师在运用课堂提问 3P 模式的过程中，可以尝试从以下几个方面优化自身课堂提问水平和技巧。

第一，根据教学目标，优化问题设计。在准备课堂提问时，教师应确保问题导向与教学目标一致。沃尔什和萨特斯认为，当教学目标聚焦于知识掌握时，问题设计应优先考量对学生记忆进行针对性的测试与评估。教师可以通过引导学生反复探索已学信息，强化其记忆稳定性，稳固认知结构。② 如果教学目标着重于思考与问题解决能力的提升，问题设计则应当致力于激发学生深层次的认知能力，推动学生调动并拓展自身认知资源，达成对知识的深度整合和转化，从而取得更为全面和持久

---

① 马勇军．提问与学生学习之关系：西方课堂提问研究的新重心［J］．全球教育展望，2014，43（10）：30-37.

② 沃尔什，萨特斯．优质提问教学法：让每个学生都参与其中［M］．刘彦，译．北京：中国轻工业出版社，2009.

的学习效果；如果教学目标侧重于情感与态度的培养，教师应通过问题引导学生展开感受和观点的讨论与反思。这类指导性的问题设计，有助于学生自我认知和情感的发展，增强学生在社会交往中的共情能力和道德洞察力。以特定的教学实例来说，假定教师的教学目标是引导学生深入探究故事中的人物形象，挖掘其特征，并建立与之相关的个人联系。而在准备问题阶段仅关注知识层面，学生就可能错失分析角色的深层属性及其与现实生活关联的机会。因此，为了确保教学成效与教育目标一致，教师构思课堂提问时，须确保问题设计精准契合教学目标。

第二，依据认知层级，精细化问题构建。布鲁姆的认知分类将学习过程阶梯式划分为记忆、理解、应用、分析、评估和创造六个递进层次，其中每一层次都是后续层次学习的基础。① 因此，为深化学生思维层次，教师应当有意识地采取分层递进的问题设计方法，逐步提升问题难度的设计，精准引导学生从记忆、理解等基础阶段，循序渐进地迈向应用、分析、评估和创新等高级认知能力的发展阶段。② 在具体问题设计中，教师首先必须精心构建问题层次，从简单的问题到复杂的问题，为学生认知发展提供连贯指引。每个层次的问题都应旨在激发学生思维，推动他们深入探究，逐步培养独立解决问题的能力。其次，有效的分层问题设计，不仅需要教师具备深厚的专业知识和丰富的教学经验，能够深入理解教学内容，进而设计出适应不同学习层次的问题；也需要教师在教学中持续反思、探索与创新，通过反思精准评估设计成效，明确成功策略与改进方向。最后，分层问题设计须针对学生的具体需求和既定学习目标制定，适应他们在认知水平、基础知识掌握程度和学习节奏上的个体差异，从而为不同学生提供适宜的学习引导，既发展他们的潜能，又不至于让他们感到难度过大，确保每个学生都能取得进步。

第三，根据类型与层次，细化问题配置。教师在英语课堂运用课堂提问 3P 模式时，常常采用单一类型和单一层次的问题，这会限制学生思维能力的全面发展。为了突破这一局限，一方面，教师应使问题类型多元化。通过应对不同类型的问题，学生将被引导从不同视角和维度深

---

① 安德森. 布鲁姆教育目标分类学［M］. 蒋小平，译. 北京：外语教学与研究出版社，2009.

② 黄发良，杨倩，闭应洲，等. 基于深度学习的教师课堂提问方式［J］. 福建师范大学学报（自然科学版），2022，38（5）：43-50.

入分析学习材料，进而加深对核心概念的理解。① 另一方面，教师须研制涵盖分析、综合及评价等领域的问题，提升问题的思维层次，鼓励学生运用所学知识进行创新性思考。这种提问策略旨在提升学生的学习能力，激发其创造性思维，推动学生整体思维的发展。

第四，积极整合教材，提高提问质量。根据课堂观察及对新手型教师与熟手型教师的访谈分析，笔者发现熟手型教师对教材内容的掌握显著优于新手型教师。这种优势使他们在设计课堂问题时，能更精准地契合学生的认知发展阶段及教学目标。然而，访谈中也发现，熟手型教师因为教龄较长、对教材更为熟悉，易产生职业倦怠心理。在运用课堂提问 3P 模式时，他们会过度依赖已有的知识和经验，忽略对教学内容的更新、对教材细节的深入挖掘，导致与学生的实际需求脱节，降低课堂互动的质量，影响学生对材料的全面理解。因此，笔者认为，教师应重新审视教学材料，结合学生期望，将教材内容与生活和学生的个人情况尽可能相结合，设置情境问题，引起学生的注意和兴趣。② 精心设计的问题能鼓励全体学生积极参与课堂活动，满足不同能力水平学生的需求，实现教学的全面性和包容性。

2. 关注教学过程，增强提问能力

第一，预留候答时间，调控提问节奏。教学过程中，教师提出问题后、学生回答前，应当预留一部分时间，保持学生有充分的时间进行深度思考。立即要求学生在提问结束后作答，往往只有反应迅速的学生能够回答，其他学生由于缺乏足够的时间思考而选择沉默。这种做法不仅会让部分学生产生焦虑和畏惧感，还无法达成提问让全体学生思考的初衷。此外，频繁指定同一群反应敏捷的学生回答问题，会造成参与机会分配不均，加剧课堂学业表现的两极分化。这种不平等的互动模式，如果不加以调整，可能会对教育公平性和学生个体的学习产生负面影响。因此，教师在提出问题后应至少预留 4 秒钟的等待时间，以便更多学生

---

① 黄橙，丰国欣．浅谈小学英语课堂提问策略［J］．湖北师范大学学报（哲学社会科学版），2020，40（3）：135-137.

② 罗瑶．高中英语新手型教师与熟手型教师课堂提问策略比较研究［D］．重庆：重庆三峡学院，2023.

参与反思与推理。这对学习困难的学生尤为有益，因为它为他们提供了额外的处理信息时间。① 同时，也鼓励了那些羞涩或内向的学生，增强了他们参与课堂讨论的勇气。随着学生主动参与度提升，师生互动将更加活跃，课堂提问的教学效果显著提升。然而，对于缺乏相关经验的教师来说，预留适当的候答时间颇具挑战，需要通过持续的实践。这种实践将有助于学生汲取更丰富的信息、进行更深入的思考及展示更高层次的认知能力。② 此外，通过课堂观察及对新教师的访谈，笔者发现部分新教师在把控等待时间时，未能充分考虑到学生的认知能力差异，过度延长候答时间，导致无效等待，浪费宝贵的课堂资源。这就要求教师必须明确课堂教学流程，明确教学环节，确保教学过程的紧凑性，合理控制无效等待时间，提升课堂教学效率。

第二，进行合理叫答，深化提问艺术。新手型教师和熟手型教师在运用课堂提问 3P 模式时，都需要对学生进行有针对性的叫答。本研究将叫答类型分为先发问叫举手者、先发问叫未举手者、面向集体发问后齐答、面向小组发问后小组答、先点名后发问答、教师自答 6 种类型。通过课堂观察和对新手型、熟手型教师的访谈发现，两类教师在叫答策略上往往倾向于选择其中的 1~2 种类型。这种单一的叫答模式会限制教师与学生之间及学生之间的交流互动，进而影响课堂提问效果和学生学习成效。因此，为促进师生深度交流，激发学生高阶思维，小学英语教师应丰富叫答方式。

具体而言，其一，教师要控制面向集体发问后齐答的比重。因为这种叫答方式虽然能够迅速激发班级的参与热情，但是会抑制学生个体思考，而且这种方式不能为学生提供足够的时间思考复杂问题，特别是需要深层次思考的复杂问题。其二，教师应合理使用先发问叫举手者的叫答类型。这一叫答类型有助于维持课堂秩序，提升学生回答的质量。其三，教师须谨慎使用发问叫未举手者和先点名后发问的叫答类型。这类叫答可能会给学生带来意外的心理压力，但若不提问未举手学生，易造

---

① Borich, G. D. *Effective Teaching Methods* [M]. Paramus, NJ: Prentice Hall Press, 2006.

② 何秀贤．掌握课堂提问技巧，提高课堂教学效果 [J]. 中国职业技术教育，2007 (13)：52-53.

成学生参与度低，也不利于教师全面了解学生差异。① 对于先点名后发问的叫答方式，教师应提前提供问题相关信息，让学生做好准备，同时给予被点名学生足够的思考时间。其四，教师应重视面向小组发问后小组答的叫答类型。处理较为复杂和难度较高的问题时，可以用此种方式，这一叫答方式能够营造有利于学生参与的课堂氛围，引导学生主动参与课堂交流。

此外，采用面向小组的提问方式与现代教育理念相契合，该方式鼓励教师合理分配课堂时间，让学生在小组内自主探究和自由讨论，充分发挥其课堂学习的主体作用。这种模式不仅有利于培养学生的合作能力、创新意识及创造性思维，还能有效激发学生的思维活力，加深其对知识的理解，使学习更深入、更有实效。通过小组讨论，学生能够更好地记忆和理解知识，也能更好地促进高阶认知能力的发展。此外，教师可以借此机会提出挑战性问题，鼓励学生大胆假设和思考，培养批判性思维。

第三，摆脱传统的教学模式，活用提问方式。一方面，教学过程中，教师应勇于突破传统的教学模式，依据课堂环境、学生的具体需求及教学进度，灵活设计和运用提问策略。② 这种针对性的提问方式，能引导学生深入思考，提升思维品质。教师还可以适时地在全班讲授与小组合作学习之间切换，既保障课堂提问机会均等，让所有学生都有机会参与回应问题，还可以利用全班讲授的优势，进一步提升学生的思维品质。另一方面，在小组合作学习环节，学生可以在教师引导的基础上，进一步深化理解，通过互助学习和集体智慧解决问题，全面提升认知水平和创造性思维。③ 因此，在教学过程中，灵活调整提问方式对提升学生的思维能力和学习效果至关重要。教师须深入了解学生的个体差异和具体需求，根据不同的教学情境和学习阶段，采用恰当的提问策略。这样不仅能够为所有学生营造一个公平和包容的学习氛围，还能让他们充分发掘潜力。对于那些学习有困难的学生，教师应提供多元和个性化的

---

① 余易．高中英语新熟手教师阅读课堂提问策略对比研究：基于思维品质培养视角［D］．黄石：湖北师范大学，2022.

② Yang, M. Y. A critical review of research on questioning in education: Limitations of its positivistic basis［J］. *Asia Pacific Education Review*, 2006(2): 195-204.

③ 伍新春，管琳．合作学习与课堂教学［M］．北京：人民教育出版社，2010.

提问支持，帮助他们克服困难，提高学习效率，推动全班学生思维品质的均衡、全面发展。

第四，根据问题难易度，调整思考时间。研究发现，为低阶思维问题预留过多的思考时间是没有必要的，这一类型的问题一般不需要复杂的推理。学生只需掌握基础的知识和技能，就能较快作答。高阶问题不止考查表层知识，还促使学生探索多种可能的解决方案，助力学生发展并巩固高阶思维能力，激发创新性思考。因此，教师须明确不同难易度的问题所需的思考过程的差异，据此调整等待时间。“等待时间”的合理运用，能激励学生进行更深入的认知加工。教师须系统性地认识到，合理的思考时长对学生全面掌握知识和发展成熟、综合的思维能力具有至关重要的作用。[①] 此外，学生的个性差异和认知需求应成为教师在分配思考时间时的关键考量因素。通过这种方式，教师可以创建一个更具包容和实效性的学习环境，让所有学生的思维潜力都能够得到发挥。

3. 重视问题处理，强化反馈评价

第一，强化过程评价，实现有效反馈。小学英语教学中，课堂提问是激活学生认知、促进课堂互动及评估学习成果的重要手段。然而，提问后对学生回答的反馈机制同样至关重要，它直接影响学生的内在动力、自我效能感，以及持续学习的兴趣。结合本研究进行的课堂观察及对新手型教师、熟手型教师的访谈，在教师运用课堂提问 3P 模式的过程中，尤其是在处理回应阶段，无论是新手型教师还是熟手型教师，对学生的回答进行反馈时，多以正面评价和激励性评价为主。这类评价有助于增强学生自信心，提升其对英语学习的兴趣，激发其持久的学习动力。然而，若正面评价和激励性评价被过度强调，教师可能在反馈过程中忽视对学生特定学习难题的深入诊断与具体辅导。这会让学生在学习过程中缺乏清晰的进步指引和明确的学习目标，影响他们掌握知识和提升技能的效率。

因此，教师应强化过程评价，以给出更有针对性的反馈。过程评价注重及时和持续地评估学生学习过程，能够帮助教师实时掌握学生的学习进展，了解其学习动态及具体需求，从而提供精准的指导和建议。例

---

① Borich, G. D. *Effective Teaching Methods* [M]. Paramus, NJ: Prentice Hall Press, 2006.

如，教师可以在课堂上记录学生表现，通过细化问题引导学生深入思考，并在课后给予具体反馈，指出学生学习中的薄弱点，并给予改进的方向。

此外，过程评价倡导师生间持续互动的反馈机制。在这一机制下，学生的疑问能够得到快速解答，教师的反馈则切实促进学生思考和理解能力的提升。研究表明，随着教师教学经验的积累，教师可能会出现职业倦怠，表现为教学热情下降，反馈单一且缺乏深度。对于小学高年级学生而言，简单的肯定性评价（如“好”“对”“不错”）不足以激发他们的学习兴趣，也无法推动他们思维层次的提升。

因此，教师在实施过程评价时，宜将激励性评价和个性化反馈相结合。具体来说，教师肯定学生回答的同时，要提供详细的点评，点明答案的亮点，并针对学生的具体问题提出建设性的意见。通过这种方式，教师不仅能增强学生的成就感，还能激发他们对问题的深层次思考，有效提升认知能力。此外，个性化反馈也有助于避免教师产生倦怠情绪，维持教学热情，推动学生认知和思维能力向更高水平发展。

第二，重视因材施教，合理设置追问。牟金江、蒙晓云认为，追问不仅是一种教学策略，更是一种深度的学习方法，能够有力地推动学生拓展思维，深化对学习内容的理解，使得学生能够从多维度、多视角全面地探索学习主题，构建新的知识体系。① 实施追问策略时，教师须能准确判断学生思维层次，并能够相应调整问题设计，以确保所提出的追问与学生的认知发展水平相契合。当教师通过观察和评估，发现学生认知水平与问题要求有差距，就得灵活调整追问策略，适配学生当前的思维能力。此外，教师应设计一系列逐步升级的追问，引导学生发展高阶思维能力。这种差异化的追问，既考虑到学生个体认知差异，又给予适度的挑战，促使学生突破当前的认知水平。同时，还能培养学生自主学习、批判性思维及解决问题的能力，提高他们的学习兴趣和探究热情。

第三，提高反馈素养，增强反馈能力。董艳等人提出，教师的反馈素养与能力，不仅直接影响教学过程中师生之间的互动与沟通，还在知

① 牟金江，蒙晓云．高中英语阅读课教师追问对学生应答思维层次的影响研究［J］．基础教育外语教学研究，2021（3）：5-10.

识构建的各个环节中发挥着重要作用。① 因此，提高教师反馈专业素养尤为关键。这既是教学关键环节，也是提升学生思维品质的有效途径。为实现这一目标，一方面，在教学实践中，教师必须深入了解教学情境。教学情境复杂多变，涉及学生的认知发展水平、情感态度、学习动机等因素。有效反馈须综合这些因素，以确保反馈的针对性和实效性。另一方面，教师应通过对话与学生深度交流，确保学生准确理解反馈内容。根据学生的回应，教师须持续优化反馈措辞，确保学生完全理解。此外，为了增强学生对反馈的接受能力，教师应鼓励小组活动中学生相互提问。教师在这一过程中还需要不断反思，创新教学方法与策略，优化教学过程，切实促进学生的认知发展和知识建构，实现教学相长。

二、开展教师分类指导，提升课堂提问效果

1. 聚焦新手型教师特质，提升课堂提问能力

第一，加深对提问意义的理解，优化教学提问效果。教师对课堂提问意义的理解在优化教学过程和提升教学效果方面发挥着至关重要的作用。这种理解反映在提问的策略和技巧上，指导教师在适当的时机，以适度的频率，针对具体的学习目标提出问题，确保提问能够有效地引导学生思考。② 首先，新手型教师需要控制好课堂提问的频率。本研究调查结果显示，新手型教师的提问频率明显高于熟手型教师。虽然一定的提问频率对于激发学生的思维活动和促进认知结构的建构是关键的，但如果课堂提问的频率过高，学生思考时间过少，会给学生带来不必要的心理压力和紧张感。这种情况下，学生的学习动机和自信心也会受到负面影响，从而影响整体的教学效果。因此，新手型教师应在课前精心制订提问计划，这种计划的制订对于保障课堂提问的系统性与连贯性至关重要，同时也有助于避免无计划提问可能引发的频繁且不恰当的问答，确保课堂交流的质量和效率。其次，新手型教师需要把握好提问的时机。适时的提问能有效地引领学生进入思考状态，唤起他们的兴趣和好

---

① 董艳，罗泽兰，杨韵莹，等．教育信息化 2.0 时代视角下的教师反馈素养研究［J］．电化教育研究，2021，42（8）：35-42.

② 朱艳艳．小学英语课堂有效提问的策略研究［D］．镇江：江苏大学，2022.

奇心，从而推动他们对课程内容的理解更加深入。① 如果提问的时机不当，可能会导致教学节奏混乱，影响教学效果。因此，新手型教师在提问时机的选择上，应根据教学内容来确定。最后，新手型教师应实施一种多维度融合的提问策略，通过深入分析学生的英语水平、教材内容和教学目标来设计问题。通过这种提问策略，教师能够确保问题设计精准匹配学生的英语能力水平、教材的关键内容及课程的学习目标，从而显著提高问题的相关性和教学效率。② 这种策略不仅促进学生对英语知识的深入理解，而且提升他们的语言运用能力，进一步激发他们对英语学习的兴趣和积极性。

第二，有效改进候答策略，增进教学互动效果。在教学过程中，运用恰当的候答策略不仅能够促进学习者的主动思考，还有助于提升学生整体的学习效果。候答策略通过有意识地引入停顿期，为学生提供深度思考和组织答案的时间。这段时间让学生有机会重新审视问题，整合已有知识，并激发更深层次的思考。因此，新手型教师在提出问题之后应充分考虑预留适当的思考时间。为了确保学生在课堂上有充分的时间思考和组织回答，首先，新手型教师需要对预留的候答时间做出灵活调整。这种调整应基于问题的复杂性及学生的认知差异，以适应不同学生的学习需求。③ 理想的做法是，教师预留的候答时间既能鼓励学生经过适当思考后参与讨论，也能提升他们的学习效果。此外，研究指出新手型教师虽认识到适当的候答时间的重要性，但在实际教学中往往未能留出足够的时间，这可能归咎于缺乏经验和课堂管理能力不足。基于此，新手型教师可以通过在教学过程中记录并提出改进策略，以及分析各种教学行为的效果等课后反思实践活动，逐步形成对候答时间的敏感度，从而更好地掌握候答时间。其次，教师应精准掌握提问应答时机。在提出问题之后，新手型教师应避免仅因观察到学生举手就立即进行叫答，而应细致观察学生的行为模式和面部表情，以此评估他们是否已做好回答的准备。若发现大多数学生仍在思考，就需要进一步延长思考时间。

---

① 裴晨阳，夏军，徐琴．核心素养视域下高中化学教学中的提问时机研究：以“铁及其化合物”教学为例［J］．化学教学，2023（5）：42-47.

② 刘玮．新手型与熟手型初中英语教师课堂提问策略对比研究［D］．西安：西安外国语大学，2016.

③ Borich, G. D. *Effective Teaching Methods*［M］. Paramus, NJ：Prentice Hall Press，2006.

最后，新手型教师应合理分配候答时间。新手型教师应当注重制定公平而有效的候答时间分配策略，确保为所有学生设置统一的候答时间标准，避免根据学生成绩好坏来差异化地分配候答时间。

第三，注重平衡叫答类型，灵活运用叫答方式。叫答方式的合理运用对于促进学生认知发展和维持课堂秩序具有显著作用。此外，通过多样化的叫答策略，教师能够调动学生参与课堂的积极性，推动其思考和理解，并根据学生表现进行个性化教学。这种方法确保了每个学生都有机会参与，为教师提供了评估学习情况的信息，从而优化教学过程。① 本研究在课堂观察及对新手型教师的访谈过程中发现新手型教师往往依赖于频繁的集体提问和齐答方式，这种做法可能会限制学生的个体参与和高阶思维发展。为了优化教学互动并提升学习成效，新手型教师须依据各种叫答方式的特性并结合具体的教学目标与学生个体差异，灵活运用各种叫答策略，从而有效地适应多样化的教学场景和学生需求。具体来说，当教学目标是激发学生的自愿参与和检验理解程度时，可以采用先发问叫举手者的策略，以增加学生的参与感并获取即时反馈；面向集体发问后齐答的策略适用于当教师需要对整个班级的学生对某个知识点掌握的广度和深度进行评估时，以便把握学生群体的整体学习状况；为了确保所有学生，包括那些通常不愿意主动参与的学生，都处于积极思考的状态，教师可以采取先发问叫未举手者的方式来鼓励他们进行独立思考。通过先点名后发问的方式，教师会在复习和检查学生理解的过程中给予个别关注，这种方式尤其适合难度较高的问题。最后，在促进团队合作和集体解决问题的目标下，面向小组发问后小组答能够有效地支持学生的协作学习，特别适用于项目式学习和讨论型活动。通过这样的综合运用，新手型教师不仅能够适应各种教学场景，还能够促进学生的全面发展。

第四，掌握时间管理技巧，精心设计教学流程。对于时间的把控是新手型教师实现教学活动高效率和优效果的关键，这不仅涉及课程内容的全面覆盖和教学目标的顺利实现，而且对保障学生吸收和理解知识的

---

① 闫国娥．提问策略在英语课堂教学中的应用［J］．教学与管理，2011（15）：139-140.

过程至关重要。[①] 因此，需要通过综合性的策略来提升新手型教师的时间管理技能。首先，在授课之前，新手型教师应该进行细致的教案规划，预留足够的时间用于重点概念的阐释、学生疑问的解答及关键知识点的巩固。此外，新手型教师在规划时间时还应考虑课堂的不可预见性，留有适度弹性时间，以应对可能出现的教学变数或学生的突发状况。其次，新手型教师应致力于自我提升，通过总结教学经验、观摩经验丰富的教师的教学课堂，培养迅速且有效地应对学生问题的能力。再次，新手型教师可以通过将先进技术融入教学的方式提升时间管理能力。在教学过程中，教师通过精心规划和选择与课程目标紧密相关的多媒体材料，高效地利用课堂时间来讲授复杂的概念，并根据学生掌握情况灵活调整教学计划，从而达到优化课堂时间分配和提升整体教学效果的目的。最后，新手型教师可以根据自身经验和教学中的常见问题创建一个综合性的预设反馈模板。新手型教师在教学过程中，为了高效利用时间，往往倾向于使用无评价或简单重复学生答案的反馈策略。然而，这种简化的做法可能会忽略对学生认知过程和激发学生学习动力至关重要的即时和具体性反馈。[②] 为了有效管理教学时间，并确保学生获得必要的反馈，新手型教师可以创建一个综合性的预设反馈模板。通过这种方式新手型教师可以在节省时间的同时，确保反馈质量，促进学生的认知发展和激发学生的学习动力。

2. 聚焦熟手型教师需要，创新课堂提问策略

第一，平衡教学内容，促进点面结合。研究结果显示，在教学过程中，面对众多的课程内容与有限的授课时间，熟手型教师常常会采取快速过渡非重点问题的做法，以便将宝贵的课堂时段用于重点内容的教学。然而这一举措会存在潜在的负面效应，一方面，学生可能难以实现对课堂内容全面而深入的理解。尽管非重点问题可能不与考试内容直接相关联，但它们提供了背景信息，这对于构建知识体系至关重要。另一

---

① 罗莎莎，郑家福．高中教师课堂教学时间管理的困境及对策［J］．教育探索，2017（3）：26-30.

② 赵娅含，蒋冰怡，查世梅，等．新课程改革理念下的小学英语教师反馈语研究［J］．教育观察，2021，10（15）：24-26，88.

方面，当学生察觉到教师对某些内容的重视程度较低时，可能会对这些内容产生忽略的态度，这种态度会降低他们在课堂上的参与度，并可能削弱他们的学习动力。[①] 因此，熟手型教师不仅需要关注课程大纲中的重点知识，还需要适当地处理那些非重点问题，以便学生能够充分理解学科知识，并发展成为具有批判性思维和创新能力的个体。首先，熟手型教师应整合非重点内容，以增强教学效果。熟手型教师可以将非重点问题作为补充材料或案例，与重点内容相结合。这一举措不仅能够丰富教学内容，还能够提高学生对课堂的兴趣和参与度，同时保持了课程的连贯性和全面性。其次，熟手型教师应灵活适应学生需求。教师对非重点内容的处理应保持灵活性，根据学生的接受程度和学习进度及时调整教学计划。若学生对某些非重点问题表现出较高的兴趣或想要更深入地了解，教师可以适当调整时间的分配，以满足学生的学习需求。最后，熟手型教师可以通过小组讨论等方式鼓励学生对非重点问题进行自主探究。这不仅可以培养学生的独立思考能力和问题解决能力，还能减轻教师在课堂上的教学压力。

第二，超越主观经验，创新提问技巧。熟手型教师具有出色的课堂管理能力，并能根据具体情况灵活调整教学策略，实现教学内容与教学方法的最优结合。然而，当熟手型教师在课堂教学中过度依赖个人固有的教学经验时，一方面，会导致提问方法与内容陈旧且缺乏多样性。另一方面，会忽视学生的反馈和需求，导致教学内容与学生学习风格、认知水平不一致。因此，熟手型教师应积极通过不同的渠道获取最新的教学策略和技能，如此一来，他们在设置课堂提问时更易展现创新精神和包容思想。他们能够结合新兴的教育理念设计问题，这些问题不仅挑战学生的思维，还能适应不同学生的学习风格和能力水平。[②] 同时，持续学习带来的开放心态，鼓励教师尝试各种提问方式，如应用技术辅助工具进行实时问答，或利用协作式学习促进学生间的互动讨论，而这样的多样化提问更可能激发学生的积极参与和深入思考。另外，熟手型教师应通过组织小组讨论或进行个别谈话等方式，积极收集和分析学生的反

---

① 刘玮．新手型与熟手型初中英语教师课堂提问策略对比研究［D］．西安：西安外国语大学，2016．

② 陈亚平．教师提问与学习者批判性思维能力的培养［J］．外语与外语教学，2016（2）：87-96，146-147．

馈信息。对于具有丰富经验的熟手型教师来说，系统性的反馈收集过程可以完善他们的主观教学经验。通过收集和分析学生反馈，熟手型教师能更准确地了解学生对课堂提问的感受和对问题的理解程度，从而调整问题的难易度，确保所有学生都能跟上课程进度并参与到课堂互动中。这种根据学生实际情况定制的问题，有助于建立更有效的沟通渠道，同时也促使教师不断优化提问技巧，使问题更具启发性和引导性。

第三，适度挑战引导，注重提问层次。在教学中，问题类型是激发学生思考的关键要素。在布鲁姆的认知领域分类学中，记忆和理解型问题通常被认为是低阶思维问题，应用、分析、评价和创造型问题则与高阶思维相关。① 因此，为了有效发展学生的高阶思维能力，教师在设计问题时应注重问题的深度。熟手型教师被鼓励在问题设计时侧重应用、分析、评价和创造类问题，正是因其具备经验优势，能有效地利用高阶思维问题来激发学生，从而提升学生的综合学习能力。同时，熟手型教师也能够深刻认识到，仅仅依靠记忆和理解型问题是不足以让学生应对复杂的问题的。相反，高阶思维问题不仅能够加深学生对知识的理解，还能够培养他们将这些知识应用于实际情境的能力，从而提高他们的分析、评价和创新能力。针对英语学科，熟手型教师可以通过以下措施来进行高阶思维问题的设计。首先，教师可以巧妙地将高层次思维问题与学生的现实生活情境相结合，从而激发学生的批判性思维和解决问题的能力。教师通过使用具体、贴近学生日常生活的情景，帮助学生深入理解和应用抽象概念，促进学生知识的内化和长期记忆。这种教学方法不仅能够提高学生的学习兴趣和参与度，还能培养他们的创造力和创新能力。其次，熟手型教师可以组织学生进行探究性学习，提出开放式问题，激励学生主动提问和探索。开放性问题对于促进探究式学习具有关键作用，它们不仅唤起学生的好奇心和探索欲，更促使学生超越单纯记忆的层次，深入运用如批判性思维、分析、评估和创新等高级认知技能。② 这类问题不是只有单一的答案，而是鼓励多元化的解答，推动学生在解答过程中积极搜集信息、构建知识结构，并与他人协作交流。

---

① 孙佳林，王晓菲，颜修梅．基于布鲁姆目标分类体系的义务教育化学课程标准分析[J]．化学教学，2023（10）：7-11.

② 袁萍．小学语文“开放性问题”的教学探究［J］．上海教育科研，2017（7）：89-91.

第四，重燃教学热情，克服职业倦怠。在本研究中，长期从事教学的熟手型教师可能会遇到教学热情逐渐减退的情况，这种职业疲劳会导致教师在课堂上的教学变得刻板、缺乏活力。在讲授课程内容时也仅仅停留在表层，不再深入挖掘和细致探讨，使得教学失去了应有的丰富性和探究性。① 此外，这种倦怠感还可能导致教师在设计课堂提问和学生活动时创意不足，降低学生的参与度，削弱学生的学习兴趣。长此以往，不仅教学质量受到影响，学生的学习体验和成效也可能受到负面的连锁影响。因此，对于熟手型教师来说，保持自身教学的热情及提高自身教学创新能力，显得尤为关键。首先，熟手型教师应不断进行自我提升和知识更新，积极参与专业发展课程、学术会议，从而不断更新自己的知识库及掌握领域前沿的教学方法，增强课堂教学的吸引力和有效性，确保教学活力与时俱进，并显著提升教学质量。其次，熟手型教师应持续追求教学创新与实践探索。为了保持教学活力，熟手型教师应不断探索新的教学策略。这些策略旨在优化课堂互动，鼓励学生独立思考，并增强他们的协作能力。同时，通过更新教学方法，熟手型教师不仅可以提升学生的学习兴趣，还能为自己带来新意和职业的满足感，从而有效避免职业倦怠，保持教学工作的持续热情。最后，熟手型教师需要定期进行自我反思。自我反思能帮助熟手型教师深入了解并认可自己在工作中付出的努力和取得的成就，同时明确识别出需要改进的地方。这种深入的自我审视有助于教师在职业上保持积极进取的态度，从而避免陷入停滞不前的窘境。

三、开展专项教研实践，提升课堂提问水平

学校作为教师职业后期发展的主阵地，需要系统安排教研培训与专项指导，以提升教师专业技能与职业发展。从某种意义上讲，学校专项教研实践的整体水平决定着教师职业社会化的发展进程，也是提升教师课堂提问水平的关键。从本研究的角度出发，开展专项教研实践与提升教师课堂提问水平息息相关，深刻影响学生高阶思维能力的形成。

---

① 林莘．小学教师职业倦怠的原因及对策研究：以长沙市五所小学为例［D］．长沙：湖南师范大学，2021.

1. 开展教师专题教研，推动教学改革

专题教研在促进教师的专业发展、提高教学质量方面扮演了关键角色。通过系统性的教研活动，它为教师提供了一个针对性强、结构严密的学习与实践平台，有效地规避了教研活动的无序性、无目的性及效率低下的问题。① 此种方法确保教研工作的目标明确、内容聚焦，从而显著增强教研工作的成效，促进教师教学技能和教育研究能力的全面提升。因此，各级各类教研活动可以开展以运用课堂提问 3P 模式提升学生思维品质为专题的研讨活动，该活动可以通过制定基于课堂提问 3P 模式的操作手册、模拟教学场景进行教师实操训练，并辅以针对性的案例分析等方法，使教师通过系统观察、分析和讨论精准掌握提问技巧，并设计出能够引发学生认知冲突的问题，这些举措不仅有效指导学生进行深层次的思考，还能促进师生间的高效互动。除此之外，教研活动还可以通过课堂观察与录像分析相结合的方法，开展课堂提问行为研究。同时以行动研究为研究取向，以课堂教学录像为纽带，坚持课堂观察、教学录像相结合，引导教师聚焦于对课堂提问行为如何促进学生思维品质发展的反思与分析。② 通过开展多元化的专题教研活动，学校能够制定既反映本校特色又契合英语学科特点的教学指导方针，明确教师课堂提问在教育教学中的关键作用，着力培养教师的问题设计和课堂提问能力，切实提升教学效果，全方面促进学生思维能力的发展。

除此之外，课程是实现教育目标的核心载体，也是培养学生思维品质的重要依托。值得关注的是，提升学生思维品质，须从国家层面推动整体性的课程改革。围绕 21 世纪学生核心素养来看，当前学生思维品质能力培养应该从以下两点进行实践，以课程改革与问题导向为抓手，加强学生综合学习能力的培养。一方面，学校应该围绕国家课程改革要求制定课程实施方案，帮助教师细化课程标准和课堂教学要求。从新一轮课程改革来看，新课标对小学生思维品质的定义和学段目标都有详细的规定。若在具体的实施方案中将教学实践环节、英语课程内容设计等

---

① 向立政．以专题教研促教师专业发展［J］．中学数学（高中版）（上半月），2014（6）：59-61.

② 王源．新手教师与熟手教师课堂提问比较研究［D］．青岛：青岛大学，2021.

进行细化，对学生的观察与辨析、归纳与推断及批判与创新三个层次的思维能力训练提出具体要求，就能够真正提高学生的逻辑性思维、批判性思维和创造型思维，实现从低阶思维到高阶思维的逐步提升。① 例如，在具体章节中单独设置“归纳与推断”栏目，每个主题细化为具体的归纳任务与推断任务，通过提供具体的实操训练方法，以案例为载体组织学生开展问题解决活动，通过分步训练，逐步提高学生的归纳与推断能力。另一方面，编制适切的英语教材，启发学生思维。在推进新一轮的课程改革时，有必要邀请专家和教师共同开发适合小学生的英语学习材料，这些材料应紧密联系学生的日常生活，通过各种媒介展示观察与分析、归纳与推理及评判与创新的三个思维级别，从而训练并显著提升学生的思维技巧。

2. 提供专业发展渠道，加强自我反思

教师专业能力的提升对于其提问技能的精进也会产生一定的影响。随着专业能力的提升，教师设计课堂问题时，能更深入考量学生的独特需求和认知发展阶段，提出更适宜且更具启发性的问题。鉴于此，学校应积极为教师提供专业发展机会，帮助教师提高教学技巧和专业知识储备，使其能更精准、高效地引导学生实现思维能力的显著提升。其一，学校可以围绕课堂提问 3P 模式，定期举办专题培训，覆盖课堂提问的技巧与策略。这一类培训宜邀请领域专家、学术研究者或经验丰富的一线教师担任讲师，通过分享前沿研究成果和实践教学经验，助力教师掌握高效的课堂提问方法。② 培训形式应多样化，可采取讲座、研讨或工作坊等方式，以满足不同教师的学习需求。其二，学校还应鼓励教师积极参加学术会议和研讨会。这些活动为教师提供与同行及专家学者交流和学习的机会。通过这些活动，教师能够及时获取教育研究的最新进展和教学实践的先进经验，同时也有机会分享个人的教学心得，获得成长。这样的互动不仅能激发教师的创新思维，还能拓展他们的学习视野，从而助力教师进一步提升引导学生发展思维品质的能力。其三，学

---

① 孙秀丽．我国普通高中学生批判性思维状况的实证研究［D］．上海：华东师范大学，2020.

② 刘芳．教师专业发展之策略［J］．教育探索，2003（9）：102-104.

校可以与其他学校建立合作关系，开展教师交流项目。跨校交流与合作拓宽教师的专业成长路径，使其能够通过实地观察和参与不同教育场景下的教学活动，广泛吸纳多元的教学观念与实践技巧。这种跨界互动不仅提升了教师的专业技术能力，还拓宽了其对教育多样性的认知，从而推动教学方法的创新。

另外，无论经验如何，所有教师都应定期反思自己在英语课堂上的教学方法和课堂提问技巧，并持续追求专业发展和终身学习。① 随着语言认知理论的深化与人工智能技术的发展，英语学科处于动态更新与发展中。因此，英语教师在开展课堂教学时，应将外部变化纳入教学思考范畴。即便是具有成熟教学经验的英语教师，也需要结合新技术、新方法与新理论，反思与变革课堂教学，始终秉持终身学习观念，加强自我提升。② 一方面，教师须充分认识到教科研对提升英语教学质量的重要作用。教师应摒弃安于现状的心态，积极地对自己的教学方法进行持续探索与深度反思。在此过程中，教师应专注于增强课堂提问的针对性和有效性，以便更好地促进师生互动，实现共同进步。通过这样的专业自我提升，教师不仅能够迅速向专家型教师的标准靠拢，还能成为初入职场的新手型教师的典范，为他们提供可效仿的教学模式。另一方面，教师在进行教学反思时，不应局限于对教学活动表层的设计和学生的行为反应。更深层次的反思，应聚焦于问题难度与学生的认知水平是否匹配，以及在准备问题、提出问题与处理回应这三个阶段中，自己的教学行为是否得当。此外，深度反思还应包括评估这些教学行为是否真正促进了学生思维品质的提升，并基于评估结果调整和优化教学策略。

3. 加强教师问题引导，关注学生参与

参与和合作可以激发学生的思维活力，培养他们的合作精神和团队意识，进而提升思维品质。在推动学生参与合作学习时，教师起着关键的引导与促进作用。教师需设定清晰的目标，提供必要的支持与指导，

---

① 常英华. 教师教学反思的意义、内涵及实践路径［J］. 教育理论与实践，2023，43（28）：41-45.

② 郭佳璠. 新熟手教师高中英语课堂提问对比研究：以 G 县某中学 4 名高中英语教师为例［D］. 固原：宁夏师范学院，2018.

激发学生的学习积极性和内在动力。① 因此，为了保障合作学习的效率与成效，学生的互动须得到教师的适时引导。首先，教师可以设计具有启发性和引导性的问题。在课堂教学中，教师可以引入开放式问题，促进学生主动参与及发展思辨能力。开放性问题能引导学生深入分析，并激发其探究精神和学习兴趣。此外，通过恰当的引导和激励，教师能够促使学生间的协作与互动，学生在交流的过程中共同构筑知识体系，从而达到提升思维品质的教学目标。其次，学校可以提供多样化的学习环境和资源，以支持学生的参与和合作。例如，学校可以建立小组学习机制，让学生在小组中共同学习和探索。小组学习可以培养学生的合作能力和团队合作精神，激发他们的创造力和思维潜力。学校还应该积极组织学生参与各类课外活动与项目，如学术竞赛、科技创新和社会实践等。学校策划与执行这些活动不仅能够促进学生间的协作，培养团队合作精神，还能培养学生的创造力与问题解决能力。最后，教师还应对小组讨论的过程和成果进行细致的评估与即时反馈。教师不仅可以帮助学生了解学习中存在的不足，还可以引导学生识别知识和技能方面的不足。

此外，建立科学、合理的能力评价机制对于学生思维品质发展起着至关重要的作用。评价发挥着导向作用，对课程与教学有着重大的影响，而对学生思维能力进行全方位评价，可以引导教师关注课程标准所规定的各项核心素养，深层次探究学生思维品质发展受阻的现实因素。这些行动研究或者基于问题的研究会促进小学教师转变课堂教学设计，关注思维品质背后更为深层的教学创新，以此倒逼学校教育管理与课堂管理的改革。② 由此而言，学校应积极将教师提问与学生思维品质相统一，加强思维品质评价机制设计，进而改善英语课堂教学质量。近年来课程改革虽不断加强对学生观察与辨析、归纳与推断及批判与创新各项思维能力的考查，但仍缺乏全面性和具体性。倘若英语学科的课程评价体系能够结合英语学科特点，对观察与辨析、归纳与推断、批判与创新这三级思维能力相关的技能提出具体要求，并在试题的设置中明确对其的考查，将会极大地推动小学英语学科教学中对学生各项思维能力的培养进程。

---

① 李深意．小组合作学习中的教师指导策略研究［D］．济南：山东师范大学，2022．

② 侯云洁．高中英语教师课堂提问的实践性知识研究：一项基于苏、杭、沪三地的质性研究［D］．上海：上海外国语大学，2021．

第六章　结　论

本研究针对中国小学英语教学的具体实际，构建了与中国课堂环境相契合的课堂提问 3P 模式理论框架。随后，通过实验研究法、课堂观察法及访谈法等研究方法，探讨了课堂提问 3P 模式在促进学生思维品质发展方面的效果与机制，分析了新手型教师与熟手型教师应用课堂提问 3P 模式提升学生思维品质的成效差异及其影响因素。

一、主要发现

1. 课堂提问 3P 模式促进学生思维品质的效果与机制

本研究采用实验研究法，考查了课堂提问 3P 模式对小学生英语思维品质发展的影响。量化结果显示，在采用课堂提问 3P 模式开展教学的班级中，学生思维品质的前测–后测结果存在显著性差异。较传统提问方式而言，不同经验水平的教师运用课堂提问 3P 模式均能显著地促进学生认知能力的发展，其中熟手型教师运用课堂提问 3P 模式对学生思维品质的提升效果更为显著。

基于教学过程的深入追踪及对教师的访谈，本研究认为课堂提问 3P 模式在准备问题、提出问题及处理回应环节，对学生思维品质具备系统性的促进作用。综合考查发现，在课堂提问 3P 模式中，准备问题、提出问题及处理回应这三个环节构成了教学中的循环互动机制。具体而言，一是准备问题影响提问策略的质量，教师在设计问题时必须考虑合适的提问策略。二是提问策略直接影响问题处理回应阶段，由于教师在使用不同的提问策略时，需要灵活地根据学生的回答处理回应，这决定了不同的提问策略需要不同的处理回应，以确保学生得到有效的引导和反馈。① 三是处理回应会影响下一次的问题准备。在处理回应阶段，教

① 商晓星．小学英语课堂有效提问策略探究［J］．英语教师，2023，23（5）：97–100.

师接收并分析学生的反馈信息，此过程为下次问题准备提供重要依据。教师能根据学生的具体表现和认知水平，优化后续问题设计和提问策略，以更好地满足学生的学习需求。综合而言，课堂提问 3P 模式通过将问题准备、提出问题与处理回应整合于统一的提问体系，创造高度互动且具有协作支持性的教与学环境，促进学生语言能力和综合素质全面发展。

2. 新—熟手教师课堂提问 3P 模式运用差异及其影响因素

研究结果表明，在新手型教师采用课堂提问 3P 模式执教班级，学生思维品质的前测–后测结果存在差异显著，后测成绩显著高于前测成绩。新手型教师采用原来的方式执教班级，学生思维品质的前测–后测成绩无显著差异。在熟手型教师执教班级，学生思维品质的前测–后测结果也存在显著差异，无论是采用 3P 模式，还是采用传统方式，熟手型教师的教学均能有效促进学生的思维品质发展，但在 3P 模式下，熟手型教师对学生思维品质的提升更为显著。本研究运用观察法和访谈法作为研究方法，对比分析熟手型教师与新手型教师在理解及应用 3P 模式方面的异同。研究结果表明，两组教师展现出了明显的差异。

（1）教师在问题准备阶段的理解和运用的差异

问题准备阶段是激发学生深度思考和促进深度学习的关键环节，它可以帮助学生培养高阶思维品质。本研究从备教材、备学生和备课堂提问三个维度探讨了新手型教师和熟手型教师在备课过程中对问题准备的差别。在问题设计方面，新手型教师和熟手型教师都强调根据学生的学习能力设计不同的问题，特别是在课堂提问 3P 模式中。熟手型教师尤其注重问题的多样性，认为这不仅有助于提升学生的思维品质，还可以提高教学互动的效果。相对于新手型教师，熟手型教师在问题设计中更注重其有效性及与教学目标的匹配。在备课方面，所有教师都认为对教材的熟悉程度直接影响课堂的提问效果，进而影响学生的高阶思维品质。其中，两位熟手型教师均对教材具有较高的熟悉度，特别是教师 T1 更倾向于深入掌握阅读部分，这反映了她在备课时对教材内容的重视。相比之下，新手型教师对教材的熟悉程度普遍较低，尤其是教师 T3 在上课的同时还需要熟悉教材。尽管同为新手型教师，T4 对教材的熟悉度却优于 T3。此外，教师经验是影响对教材熟悉度的一个关键因素，熟手型教师因积累的教学经验而对教材有更深的理解，而新手型教师则需要额外花费时间来熟悉和掌握教材内容。

综上所述，新手型教师和熟手型教师在问题准备阶段存在明显差异，这些差异反映了他们的教学经验、对教学目标的理解及对学生需求的认识。

（2）教师在提出问题阶段的理解和运用的差异

在对候答时间的认识方面，虽然新手型教师认为给学生提供充分的时间来思考是必要的，但在实际教学中往往未能给予足够长的等待时间。这一方面是受教学进度压力影响，另一方面则因为他们倾向于选择那些迅速做出反应的学生。与之相反，熟手型教师更加重视学生的思考过程，通常会留出足够的等待时间，以确保学生有充足的时间思考。他们更加注重公正性，认为应等多数学生准备好之后再指定学生回答，以促进更多学生的参与。对于叫答类型选择，新手型教师更喜欢使用面向集体的提问方式，他们认为此方法能有效维持课堂活跃度，并便于管理课堂。与之相对，熟手型教师更偏向于提供充足的思考时间后，优先选择自愿举手的学生进行提问，这种策略既有助于维护课堂秩序，又能确保获得的回答具有较高的准确度，并为其他学生树立学习的榜样。总的来说，新手型教师和熟手型教师在使用课堂提问 3P 模式时，虽然都认为提问是教学的一个重要部分，但在提问时所采用的方法存在明显的差异。这些差异反映了他们的教学理念、教学经验和对学生需求的认识。为了更好地在课堂上提问，新手型教师和熟手型教师都需要不断地学习、研究和调整他们的教学方法。

综上所述，新手型教师与熟手型教师在叫答方式的运用上各具特色和偏好。新手型教师在选择叫答方式时，往往出于课堂管理的便利性和促进学生广泛参与的考量；而熟手型教师则更倾向于考虑深化教学成效和促进学生独立思考。为了提升教学质量，新手型教师可向熟手型教师借鉴经验，而熟手型教师亦应持续反思自身教学，以便更好地满足学生的学习需求。

（3）教师在处理回应阶段的理解和运用的差异

这一阶段重点关注“追问”和“反馈”。一方面，在对学生的初步回答加以反馈时，教师需要通过构建“问题链”，合理追问，深入考查学生的认知进程。熟手型教师善于及时纠正学生可能出现的理解偏差，激发他们的分析和批判性思维，培养高阶思维能力，而新手型教师在这一方面相对比较稚嫩，较少或没有较为深入地追问。另一方面，有效的教师反馈能够帮助学生修正错误，激励学生在原有基础上进行更创新、更深入的思考。基于构建的“问题链”和挑战性的任务，熟手型教师通过反馈鼓励学生深入思考与挖掘知识的深层含义，引导学生整合并应用所学知识，推动其认知发展，最终形成新的认知能力，而新手型教师的反馈往往倾向于对学生表现进行直接且浅层次的正向肯定。熟手型教师通常会使用多种策略来给学生反馈，而新手型教师的反馈往往倾向于对学生表现进行直接且浅层次的正向肯定。

二、不足与展望

本研究探索了 3P 模式对学生思维品质的影响，并从不同的维度对学生的思维品质进行了前、后测对比，但本研究也存在一些不足之处。

1. 研究不足

（1）样本选择的不全面

在本研究中，样本选取专注于特定学校及学科范畴，目的是通过筛选具有代表性的样本，深入分析 3P 模式的实施成效及教师因素的影响。研究设计涵盖了新手型教师与熟手型教师，以期全面捕捉教师职业生涯各阶段的特征。然而，需要指出的是，本研究未能包括专家型教师，这是由于在研究所在的地区内，难以甄选符合专家型教师特征的样本，这在一定程度上限制了研究的综合性。

（2）研究深度和时间不够

本研究历时一年半，深入追踪了 2 位新手型教师和 2 位熟手型教师及其所教授班级的学生，共进行了 48 节课的细致观察，包括课堂的实时记录、学生的前、后测评分析及对教师的访谈。但为更精准分析研究对象，未来的研究将加强对教师个体差异和多样性（如地域、性别、年龄等因素）的全面分析，以提供更细致、全面的研究。另外，研究时间可进一步延长，确保研究的精确性。

2. 研究展望

（1）3P 模式与教育价值实践的深度探索

本研究集中于 3P 模式的教学应用和学生思维品质的提升，但对于教育深层的价值实践和理念实现，尚需进一步探讨。未来研究应从更为宏大的教育价值视角，深度分析 3P 模式如何帮助学生和教师更好地探讨和实践教育的价值基点。这需要采用更为深入的研究方法，如叙事研究或人种志研究，对教学过程中的价值实践和理念实现进行历时性分析，从而更为细致和生动地揭示教育实践中的价值追求和意义建构。

（2）3P 模式的影响因素与实践困境的综合研究

本研究主要展示了 3P 模式在教学中的应用状态和基本影响因素，但并未深入探讨教学实践中可能出现的困境和认同冲突。未来的研究可以沿着“宏观—微观”的视角，更为全面和细致地梳理与分析 3P 模式实施中的各种困境和影响因素。例如，3P 模式的教学效果是否与教师的教学经验、学生的学习动机等因素存在密切的关系？这些问题都需要未来研究更为深入地探讨，以期更为全面和准确地理解 3P 模式的教学价值和实践意义。

（3）3P 模式在不同教育环境与背景下的应用研究

本研究主要聚焦在特定的学校与学科，未能全面考查 3P 模式在不同教育环境与背景下的应用效果和困境。未来研究应更为系统地探讨 3P 模式在不同学科、不同教育层次和不同教育类型的学校中的适用性和效果。特别是如何在不同的教育环境中更为有效地实施 3P 模式，如何调整和优化 3P 模式，以适应不同的教育需求和教学目标，都是未来研究需要深入探讨的重要问题。

附　录

1. 五年级学生英语思维品质测试卷（前测）

（测试时间：40分钟，总分150分）

注：答题时请尽可能用英文回答，实在不会的句子也可以用中文回答。

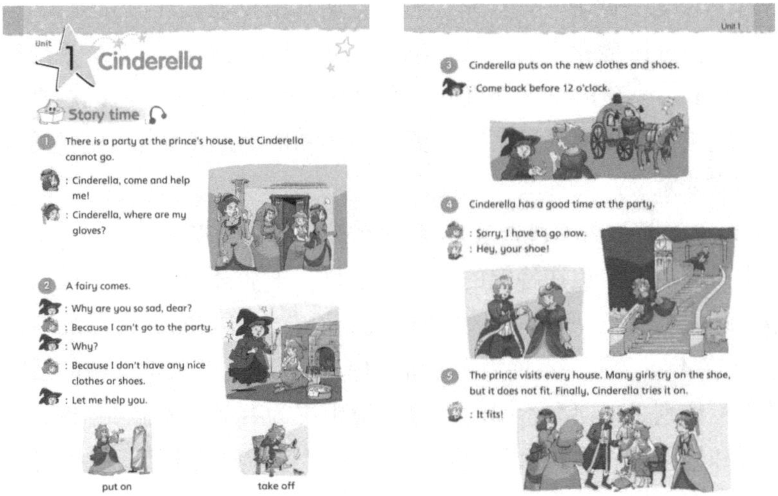

第一层级：观察与辨析（50分）

（观察图片或现实生活的环境、人与物、现象、问题）

1. Look at the picture. Who are they in the picture?（5分）

____

(辨析和比较信息、人物特征、事物特征)

2. Who helps Cinderella? (5 分)

____

3. What do you think of her, kind or bad? (5 分)

I think she is ______________________________.

(归纳信息、观点、特征)

4. 写出故事中人物特征的形容词。

(1) Cinderella is ______________________________. (5 分)

(2) The prince is ______________________________. (5 分)

(3) Cinderella's stepsisters are ______________________. (5 分)

(多角度看待事物,分析问题;判断事物之间、观点之间的关联性和逻辑关系)

5. 思考并回答问题。

(1) Does Cinderella's stepsisters want to go to the party? Why? (5 分)

灰姑娘同父异母的姐姐们想参加舞会吗?为什么?

____

____

(2) Does Cinderella's stepmother want Cinderella's stepsisters to go to the party? Why? (5 分)

灰姑娘的继母想灰姑娘同父异母的姐姐们参加舞会吗?为什么?

____

____

(3) Does Cinderella want to go to the party? Why? (5 分)

灰姑娘想参加舞会吗?为什么?

____

____

(4) Does Cinderella's stepmother want Cinderella to go to the party? Why?（5分）

灰姑娘的继母想灰姑娘参加舞会吗？为什么？

______

______

第二层级：归纳与推断（50分）

（概括、归纳、提炼信息和观点）

6. "Cinderella：I have to go now."

——节选自译林版教材五年级下册 Unit 1 Cinderella（Story time）

Why does Cinderella have to go?（10分）

______

（根据已有信息进行推测）

7. The prince says："It fits!"

——节选自译林版教材五年级下册 Unit 1 Cinderella（Story time）

(1) Is the shoe too big or too small for Cinderella?（5分）

______

（推断信息之间的逻辑关系、人物心理和行为动机）

(2) How do Cinderella's stepsisters feel at that time? Why?（5分）

灰姑娘同父异母的姐姐们那时心情如何？为什么？

(3) How does Cinderella feel at that time? Why?（5分）

灰姑娘那时的心情如何？为什么？

______

(4) How does the prince feel at that time? Why?（5分）

王子那时的心情如何？为什么？

______

（形成自己的想法和观点）

8. Do you think Cinderella wants the prince to find her? Tell your reasons.（10分）

你觉得灰姑娘希望王子找到她吗？说出你的理由。

______

______

9. If you were the prince, how can you look for Cinderella?（10 分）
如果你是王子，你会用什么方法来寻找灰姑娘？

第三层级：批判与创新（50 分）

（表达自己的喜恶、看法并说明理由）
10. 思考并回答问题。
（1）Who do you like best in the story? Why?（5 分）
在这个故事中，你最喜欢谁？为什么？

（2）Who don't you like in the story? Why?（5 分）
在这个故事中，你不喜欢谁？为什么？

（对语篇内容、观点提出合理的疑问）
11. "The prince visits every house. Many girls try on the shoe, but it does not fit. Finally, Cinderella tries it on."
——节选自译林版教材五年级下册 Unit 1 Cinderella（Story time）
Cinderella and the prince have a good time at the party. The prince must know what Cinderella looks like. Why does he look for Cinderella by trying on the shoe?
王子和灰姑娘在舞会上玩得很开心，那么王子应该知道灰姑娘的长相，为什么还要通过试鞋子的方法寻找灰姑娘呢？（10 分）

12. Do you think the prince can find Cinderella by trying on the shoes in a real world?
你觉得王子想出的通过试鞋子找灰姑娘的方法，在现实生活中可行吗？（10 分）

____

(评价语篇的内容和作者的观点)

13. Fairy: Why are you so sad, dear?

Cinderella: Because I can't go to the party.

Fairy: Why?

Cinderella: Because I don't have any nice clothes or shoes.

——节选自译林版教材五年级下册 Unit 1 Cinderella (Story time)

Cinderella thinks she cannot go to the party because she doesn't have any nice clothes or shoes. Do you think she is right? Say something about your opinions. (10 分)

灰姑娘没有好看的衣服和鞋子，她觉得自己不能去舞会。你赞同她的观点吗？写一写你的观点。

____

____

____

(创造语篇，再现经验，表达观点、情感和态度)

14. The prince visits every house. Many girl try on the shoe, but it does not fit. Finally, Cinderella tries it on.

Prince: It fits.

——节选自译林版教材五年级下册 Unit 1 Cinderella (Story time)

After the prince leaves, what will happen among Cinderella's stepmother, stepsisters, and Cinderella? (10 分)

王子走后，继母、姐姐们和灰姑娘之间会发生怎样的故事？

____

____

____

2. 五年级学生英语思维品质测试卷（后测）

（测试时间：40 分钟，总分 150 分）

注：答题时请尽可能用英文回答，实在不会的句子也可以用中文回答。

第一层级：观察与辨析（50 分）

（观察图片或现实生活的环境、人与物、现象、问题）

1. Look at the picture. Who are they in the picture?（5 分）

____

（辨析和比较信息、人物特征、事物特征）

2. Could the two men make magic clothes?（5 分）

____

3. What do you think of the king, clever or foolish?（5 分）

I think he was ______________________.

（归纳信息、观点、特征）

4. 写出故事中人物特征的形容词。

（1）The boy was ______________________.（5 分）

（2）Two men were ______________________.（5 分）

（3）The people in the street were ______________.（5 分）

（多角度看待事物，分析问题；判断事物之间、观点之间的关联性和逻辑关系）

5. 思考并回答问题。

(1) Could the two men make magic clothes? Why?（5分）

这两名男士可以做有魔法的衣服吗？为什么？

____

____

____

(2) Could the king see the magic clothes? Why?（5分）

国王可以看到有魔法的衣服吗？为什么？

____

____

____

(3) Were the people in the street foolish? Why?（5分）

街上的人很愚蠢吗？为什么？

____

____

____

(4) Why only the little boy dared to tell the truth?（5分）

为什么只有小男孩敢说出事实？

____

____

____

第二层级：归纳与推断（50分）

（概括、归纳、提炼信息和观点）

6. My king, please try on these magic clothes.

——节选自译林版教材六年级上册 Unit 1 The king's new clothes (Story time)

Why were the clothes magic?（10分）

为什么衣服很有魔力？

____

____

（根据已有信息进行推测）

7. They looked at the king and shouted, "What beautiful clothes!"
——节选自译林版教材六年级上册 Unit 1 The king's new clothes (Story time)

(1) Could the people see the clothes? (10 分)
人们可以看到衣服吗?

推断信息之间的逻辑关系、人物心理和行为动机

(2) How did the king feel at that time? Why? (5 分)
国王那时的心情如何? 为什么?

(3) How did the two men feel at that time? Why? (5 分)
两个骗子那时的心情如何? 为什么?

(形成自己的想法和观点)

8. A little boy pointed at the king and laughed, "Ha! Ha! The king isn't wearing any clothes!"
——节选自译林版教材六年级上册 Unit 1 The king's new clothes (Story time)

Why did the little boy laugh? (10 分)
小男孩为什么会大笑?

9. If you were the king, what would you do next? (10 分)
如果你是国王, 你接下来会做什么?

第三层级：批判与创新（50分）

（表达自己的喜恶、看法并说明理由）

10. 思考并回答问题。

（1）Who do you like best in the story? Why?（5分）

在这个故事中，你最喜欢谁？为什么？

____

（2）Who don't you like in the story? Why?（5分）

在这个故事中，你不喜欢谁？为什么？

____

（对语篇内容、观点提出合理的疑问）

11. The two men showed the king his new clothes. "My king, please try on these magic clothes. Clever people can see them. Foolish people can't see them."

——节选自译林版教材六年级上册 Unit 1 The king's new clothes (Story time)

The king didn't know the two men very well. Why did the king trust the two men unconditionally?（10分）

国王不是很了解这两个骗子，但为什么会无条件地相信骗子们的话呢？

____

____

____

12. The king walked through the city in his new clothes. There were a lot of people in the street. They looked at the king and shouted, "What beautiful clothes!"

——节选自译林版教材六年级上册 Unit 1 The king's new clothes (Story time)

Why did the king walk through the city in his new clothes which didn't exist at all? Do you think it was reasonable? The king didn't know what his new clothes looked like.（10分）

国王为什么穿着完全不存在的新衣服游街？他真的没有顾虑吗？毕

竟他都没看见过新衣服是什么样子的。

(评价语篇的内容和作者的观点)

13. The two men showed the king his new clothes. "My king, please try on these magic clothes. Clever people can see them. Foolish people can't see them."

——节选自译林版教材六年级上册 Unit 1 The king's new clothes (Story time)

Everyone except the little boy was cheated because the two men said that clever people can see them. Foolish people can't see them. Do you think what the two men said was right? Say something about your opinions. (10 分)

除了小男孩，所有人都是因为两个骗子说聪明的人可以看到新衣，愚蠢的人看不到新衣而被骗的。你赞同骗子们的话吗？说一说你的观点。

(创造语篇，再现经验，表达观点、情感和态度)

14. A little boy pointed at the king and laughed, "Ha! Ha! The king isn't wearing any clothes!"

——节选自译林版教材六年级上册 Unit 1 The king's new clothes (Story time)

After the little boy told the truth, what would happen among the king, the two men, the people and the little boy? (10 分)

小男孩说出真相后，国王、两个骗子、围观的人和小男孩之间会发生怎样的故事？

3. 家长知情同意书

尊敬的家长：

您好！为了进一步提高您孩子的学习效果，更好地了解他们在学习过程中的需求，我们计划近期进行一项教学研究。您的孩子将参与其中，完成相关测试题，以协助我们优化相关教学方法。

此次研究的主要目标包括了解学生的学习需求、优化教学方法及评估当前的教学效果。请放心，所有测试结果将严格保密，并匿名处理，仅供研究使用。如有需要，我们将与您分享孩子在研究中的表现情况。

我们诚挚地希望您能支持并配合此次教学研究，为孩子提供更佳的学习环境。

家长回执

本人已明了上述教学研究内容，并决定：

我同意□　我不同意□

家长签名：________________　日期：________________

请您标记选择项并签名，随后将此部分返还给学校。感谢您的理解与支持！

参考文献

【中文著作】

［1］谷振诣，刘壮虎．批判性思维教程［M］．北京：北京大学出版社，2006.

［2］李晓艳．小学生整本书批判性阅读教学案例［M］．武汉：华中科技大学出版社，2019.

［3］林崇德．发展心理学［M］．3 版．北京：人民教育出版社，2018.

［4］林崇德．教育与心理发展：教育为的是学生发展［M］．北京：北京师范大学出版社，2013.

［5］罗跳跳．一看就懂的逻辑思维图解（升级版）［M］．北京：北京理工大学出版社，2017.

［6］王笃勤．英语教学策略论［M］．北京：外语教学与研究出版社，2002.

［7］王晞，等．课堂教学技能［M］．福州：福建教育出版社，2008.

［8］伍新春，管琳．合作学习与课堂教学［M］．北京：人民教育出版社，2010.

［9］夏凤琴，姜淑梅．教育心理学［M］．北京：清华大学出版社，2015.

［10］余芳，张少娟．提问技能在小学学科教学中的应用［M］．北京：首都师范大学出版社，2019.

［11］张晓芒．逻辑思维训练［M］．北京：企业管理出版社，2006.

【中文译著】

［1］艾伦·C. 奥恩斯坦，费朗西斯·P. 汉金斯．课程：基础、原理和问题［M］. 柯森，译. 北京：江苏教育出版社，2002.

［2］布鲁纳．布鲁纳教育论著选［M］. 邵瑞珍，等，译. 北京：人民教育出版社，2018.

［3］约翰·杜威．我们如何思维［M］. 王文印，译. 上海：东华大学出版社，2021.

［4］雷曼．逻辑的力量［M］. 3版. 杨武金，译. 北京：中国人民大学出版社，2010.

［5］理查德·保罗，琳达·埃尔德．批判性思维工具［M］. 侯玉波，姜佟琳，译. 北京：机械工业出版社，2013.

［6］斯腾伯格，史渥林．思维教学：培养聪明的学习者［M］. 赵海燕，译. 北京：中国轻工业出版社，2001.

［7］沃尔什，萨特斯．优质提问教学法：让每个学生都参与其中［M］. 刘彦，译. 北京：中国轻工业出版社，2009.

［8］约翰·杜威．我们怎样思维·经验与教育［M］. 姜文闵，译. 北京：人民教育出版社，1991.

【中文期刊论文】

［1］蔡甜甜，刘国祥，宁连华．数学课堂留白艺术的理论探析与实践反思［J］. 数学教育学报，2018，27（6）：29-32.

［2］蔡晓欣．认知负荷理论视角下的教学策略探究：以《包装的学问》为例［J］. 小学教学设计，2023（32）：37-40.

［3］曹林芳．资料补充在教学中的问题透视与优化路径：以六年级上册第二单元革命文化题材类课文教学为例［J］. 语文建设，2023（24）：32-35，62.

［4］常丽丽，丁相平．教师课堂提问策略研究［J］. 太原师范学院学报（社会科学版），2014，13（4）：120-123.

［5］常英华．教师教学反思的意义、内涵及实践路径［J］. 教育理论与实践，2023，43（28）：41-45.

［6］陈昌龙，蒋喜华．学生自主提问的理念观照与赋能策略［J］．中学政治教学参考，2022（11）：90-92．

［7］陈风珍．优化问题设计：浅谈如何进行小学语文有效课堂提问［J］．语文教学通讯，2021（16）：31-33．

［8］陈亚平．教师提问与学习者批判性思维能力的培养［J］．外语与外语教学，2016（2）：87-96，146-147．

［9］陈则航，王蔷，钱小芳．论英语学科核心素养中的思维品质及其发展途径［J］．课程·教材·教法，2019，39（1）：91-98．

［10］程良宏，白珊．引向深度学习的课堂理答及其实践策略［J］．课程·教材·教法，2023，43（4）：67-74．

［11］程晓堂．在英语教材编写中渗透思维品质的培养［J］．外语教材研究，2022（1）：60-73．

［12］程晓堂．在英语教学中发展学生的思维品质［J］．中小学外语教学（中学），2018，41（3）：1-7．

［13］董艳，罗泽兰，杨韵莹，等．教育信息化 2.0 时代视角下的教师反馈素养研究［J］．电化教育研究，2021，42（8）：35-42．

［14］杜国平．逻辑思维能力的测量要素及其题型示例［J］．中国考试，2018（9）：16-21．

［15］龚姚东．从思维品质到品质思维：刍议英文教学中的思维品质培养［J］．英语学习（教师版），2015（12）：4-7．

［16］郝亚迪，胡惠闵．从课堂提问看学习机会的公平：基于 Z 市初中生的调查分析［J］．教育发展研究，2016，33（2）：64-70．

［17］郝亚迪．学习机会公平视角下的课堂提问研究：基于上海市 S 区 Z 小学的课堂观察［J］．当代教育科学，2016（16）：48-52．

［18］何光峰，曾志红．教师提问与反馈存在的问题及改进：基于 10 节初中语文录像课的实证研究［J］．基础教育课程，2019（7）：48-54．

［19］何秀贤．掌握课堂提问技巧　提高课堂教学效果［J］．中国职业技术教育，2007（13）：52-54．

［20］衡林利．国内近十年中小学教师有效课堂教学行为研究的元分析［J］．南昌教育学院学报，2016（1）：100-103．

［21］胡彩霞．英语课堂的“真假”冷场［J］．教学与管理（理论

版），2018（3）：89-91.

［22］胡青球，埃德·尼可森，陈炜．大学英语教师课堂提问模式调查分析［J］．外语界，2004（6）：22-27.

［23］胡卫平．深入理解科学思维　有效实施课程标准［J］．课程·教材·教法，2022，42（8）：55-60.

［24］黄橙，丰国欣．浅谈小学英语课堂提问策略［J］．湖北师范大学学报（哲学社会科学版），2020，40（3）：135-137.

［25］黄发良，杨倩，闭应洲，等．基于深度学习的教师课堂提问方式［J］．福建师范大学学报（自然科学版），2022，38（5）：43-50.

［26］黄山．IRF 课堂话语结构刍议：发现、争论与再思考［J］．全球教育展望，2018（5）：15-24.

［27］金传宝．教师如何提高发问技巧［J］．外国教育研究，1998，25（2）：40-44.

［28］兰春寿．英语课堂教学目标设定与思维品质培养［J］．课程·教材·教法，2019，39（9）：107-113.

［29］李东，李丽．基于小学生心理特点的英语课堂教学实践［J］．山东师范大学外国语学院学报（基础英语教育），2012（3）：59-62.

［30］李刚，侯恕，唐恩辉．最近发展区理论指导下的中学物理实验追问式教学［J］．物理教师，2015，36（7）：7-9.

［31］李晶．从英语课堂教师提问入手培养学生思维品质［J］．中国教育学刊，2019（A1）：110-112.

［32］李平．小学教师有效课堂提问策略探究［J］．教育探索，2016（8）：118-120.

［33］李亚明．高中物理课堂如何做到有效提问［J］．物理教学，2014，36（10）：4-6，26.

［34］李颖．英语阅读教学中以有效设疑发展高阶思维的探索［J］．教学月刊（中学版），2017（C4）：57-60.

［35］连榕．新手—熟手—专家型教师心理特征的比较［J］．心理学报，2004（1）：44-52.

［36］梁静，赵云鹏，仇乐乐，等．聚焦深度学习的有机合成教学设计及实践［J］．化学教育（中英文），2024，45（2）：34-42.

［37］梁美珍．高中英语文本处理阶段的问题类型及设计方法［J］．

中小学外语教学，2011（4）：1-6.

［38］廖光蓉，周瑜焜．小学英语教师课堂提问能力的培养［J］．当代教育理论与实践，2022，14（4）：127-131.

［39］林崇德．培养思维品质是发展智能的突破口［J］．国家教育行政学院学报，2005（9）：21-26+32.

［40］林良夫．国外中小学教学中的“小组讨论法”［J］．外国中小学教育，1988（2）：23-24.

［41］林正军，周沙．中学英语课堂教师反馈语的类型与特征研究［J］．外语教学理论与实践，2011（3）：15-22，34.

［42］刘道义．谈英语学科素养：思维品质［J］．课程·教材·教法，2018，38（8）：80-85.

［43］刘芳．教师专业发展之策略［J］．教育探索，2003（9）：102-104.

［44］刘宏霞，赵蔚新，李文章．课堂教学中的“提问与候答”研究［J］．化学教学，2013（10）：17-19.

［45］刘静，王光明．过程性评价对学生学业成绩影响研究：基于63 项实证研究的元分析［J］．中国考试，2021（1）：72-82.

［46］楼优奇．基于意义建构的高中英语结构化阅读教学探索［J］．上海教育科研，2023（10）：78-83.

［47］卢正芝，洪松舟．教师有效课堂提问：价值取向与标准建构［J］．教育研究，2010（14）：49-51.

［48］罗莎莎，郑家福．高中教师课堂教学时间管理的困境及对策［J］．教育探索，2017（3）：26-30.

［49］马勇军．提问与学生学习之关系：西方课堂提问研究的新重心［J］．全球教育展望，2014，43（10）：30-37.

［50］毛雪军．小学高段阅读教学中课外补充资料的有效链接［J］．教学与管理（小学版），2017（12）：37-39.

［51］梅德明，王蔷．新时代义务教育英语课程新发展：义务教育英语课程标准（2022 年版）解读［J］．基础教育课程，2022（10）：19-25.

［52］孟建华．发展学生思维品质，加强绘本课堂提问［J］．中小学英语教学与研究，2020（12）：9-13.

［53］牟金江，蒙晓云．高中英语阅读课教师追问对学生应答思维

层次的影响研究 [J]. 基础教育外语教学研究，2021 (3)：5-10.

[54] 宁宁，李皓宇. 优质提问法在应用型高校的教学策略研究：基于"6P"框架 [J]. 大学，2021 (11)：119-121.

[55] 牛树超，都术才. 教学思维影响学生的思维发展 [J]. 中学语文教学，2022 (12)：15-18.

[56] 潘家明. 批判性阅读教学与批判性思维能力培养 [J]. 教育探索，2009 (3)：121-123.

[57] 裴晨阳，夏军，徐琴. 核心素养视域下高中化学教学中的提问时机研究：以"铁及其化合物"教学为例 [J]. 化学教学，2023 (5)：42-47.

[58] 彭美慈，汪国成，陈基乐，等. 批判性思维能力测量表的信效度测试研究 [J]. 中华护理杂志，2004，39 (9)：644-648.

[59] 皮连生. 从教育目标分类学看语文学科核心素养论 [J]. 课程·教材·教法，2022，42 (2)：4-11.

[60] 钱兵，张典兵. 课堂提问观察指标体系的建构 [J]. 教学与管理，2018 (13)：35-38.

[61] 荣亮. 基于深度学习的智慧课堂交互活动设计研究 [J]. 职业技术，2023，22 (10)：75-81.

[62] 商晓星. 小学英语课堂有效提问策略探究 [J]. 英语教师，2023，23 (5)：97-100.

[63] 邵怀领. 课堂提问有效性：标准、策略及观察 [J]. 教育科学，2009 (1)：38-41.

[64] 沈小碚，袁玉芹. 影响小学教师课堂提问效能的因素分析及其策略研究 [J]. 课程·教材·教法，2013，33 (8)：36-41.

[65] 施良方. 简论课程目标的三种取向 [J]. 课程·教材·教法，1995 (6)：60-62.

[66] 施林淼. 一流大学基础学科拔尖学生内在动机变化及影响因素研究 [J]. 湖南科技大学学报（社会科学版），2017，20 (6)：174-179.

[67] 施卫卫. 生态观视域下初中数学课堂候答的教学策略 [J]. 教学与管理（中学版），2022 (22)：50-54.

[68] 孙海锋. 基于问题链培育初中生数学高阶思维的教学策略

[J]. 教育学术月刊，2023（3）：100-106.

[69] 孙佳林，王晓菲，颜修梅．基于布鲁姆目标分类体系的义务教育化学课程标准分析 [J]. 化学教学，2023（10）：7-11.

[70] 谭凤娟，龚波．人本主义理念下小学英语教师教学行为适切性研究 [J]. 湖北师范大学学报（哲学社会科学版），2020，40（3）：138-142.

[71] 谭晓云．激活思维：课堂提问的言语行为的本质 [J]. 昆明师范高等专科学校学报，2006，28（1）：22-24.

[72] 唐光洁．在英语阅读课堂开展批判性阅读训练 [J]. 西南大学学报（社会科学版），2009（2）：181-183.

[73] 田广增．课堂提问的有效策略 [J]. 教育理论与实践，2010，30（11）：47-48.

[74] 王学强．运用"阳光教学"模式　培养学生思维品质 [J]. 教育理论与实践，2009（29）：61.

[75] 王耀慧，刘树仁．利用课堂提问促进深度学习的策略研究 [J]. 教学与管理（理论版），2018（11）：101-103.

[76] 王莹．贯彻英语新课标　加强中学生英语语感的培养 [J]. 中国教育学刊，2006（9）：38-39，46.

[77] 魏仁洪．灵活运用提问技巧　培养学生思维品质 [J]. 中学数学，2000（1）：6-8.

[78] 吴小鸥．教师的教材转化能力及其实现 [J]. 课程·教材·教法，2023，43（10）：18-24.

[79] 夏雪梅．真实课堂中的高阶思维分析及教学设计 [J]. 现代教学，2014（9）：10-11.

[80] 夏正华．熟手型教师数学课堂提问的定量研究 [J]. 中学数学教学参考，2017（5）：63-67.

[81] 向立政．以专题教研促教师专业发展 [J]. 中学数学（高中版）（上半月），2014（6）：59-61.

[82] 徐梦秋，杨松．开放性问题论证：反驳与辩护 [J]. 厦门大学学报（哲学社会科学版），2011（2）：85-92.

[83] 许高厚，魏济华．试论"掌握知识与发展能力统一"的教学原则 [J]. 许昌学院学报，1982（1）：56-58.

［84］闫国娥．提问策略在英语课堂教学中的应用［J］．教学与管理，2011（15）：139-140.

［85］杨铁．小学数学深度学习的“问题驱动”［J］．中国教育学刊，2021（11）：107.

［86］余华东．创新思维的关键是非逻辑思维［J］．山西大学师范学院学报，2002，14（1）：1-9.

［87］袁萍．小学语文“开放性问题”的教学探究［J］．上海教育科研，2017（7）：89-91.

［88］曾文婕．“备学生”新论［J］．中国教育学刊，2013（3）：46-50.

［89］翟俊卿，陈郁郁．指向创造性思维：PISA 2021 的启示与借鉴［J］．教育测量与评价，2021（2）：36-42.

［90］赵丽敏．对“教师主导作用”实践、缘起的考察与思考［J］．当代教育科学，2003（1）：23-25.

［91］张春莉，宁丽曼．不同水平问题的小学课堂提问实证研究［J］．课程·教材·教法，2011，31（10）：35-40.

［92］张梦雪，刘明东，唐文杰．小学英语学科教学中的育人策略例析：以湘少版四年级下册英语教材为例［J］．重庆第二师范学院学报，2020，33（1）：75-78.

［93］张萍，霍丽红．指向高阶思维发展的优质课堂提问研究：以《新标准英语》（外研版一年级起点）为例［J］．福建教育，2019（5）：52-53，63.

［94］张玉娟．从“教教材”走向“用教材教”：基于“人教版”“苏教版”高中化学必修新教材比较的视角［J］．化学教学，2023（11）：9-14.

［95］赵晓红．大学英语阅读课教师话语的调查与分析［J］．外语界，1998（2）：17-23.

［96］赵娅含，蒋冰怡，查世梅，等．新课程改革理念下的小学英语教师反馈语研究［J］．教育观察，2021，10（15）：24-26，88.

［97］赵勇，兰春寿，杨成林．师生反馈素养的价值意蕴与发展路径［J］．宁波大学学报（教育科学版），2023，45（4）：72-78.

［98］钟启泉．批判性思维：概念界定与教学方略［J］．全球教育

展望，2020，49（1）：3-16.

[99] 祝新华 . 改进教师在阅读课堂提问中的反馈：增加数量、提升质量 [J]. 教育研究与实验，2016（5）：70-76.

【中文学位论文】

[1] 高俊明 . 初中化学教师课堂提问有效性的表征及应用研究 [D]. 长春：东北师范大学，2018.

[2] 郭佳璠 . 新熟手教师高中英语课堂提问对比研究：以 G 县某中学 4 名高中英语教师为例 [D]. 固原：宁夏师范学院，2018.

[3] 侯云洁 . 高中英语教师课堂提问的实践性知识研究：一项基于苏、杭、沪三地的质性研究 [D]. 上海：上海外国语大学，2021.

[4] 李深意 . 小组合作学习中的教师指导策略研究 [D]. 济南：山东师范大学，2022.

[5] 林莘 . 小学教师职业倦怠的原因及对策研究：以长沙市五所小学为例 [D]. 长沙：湖南师范大学，2021.

[6] 刘玮 . 新手型与熟手型初中英语教师课堂提问策略对比研究 [D]. 西安：西安外国语大学，2016.

[7] 罗瑶 . 高中英语新手型教师与熟手型教师课堂提问策略比较研究 [D]. 重庆：重庆三峡学院，2023.

[8] 聂丽丹 . 熟手型—新手型教师高中英语课堂提问的比较研究 [D]. 漳州：闽南师范大学，2016.

[9] 孙博 . 基于 QUILT 框架培养高中生物理课堂提问能力的实践研究 [D]. 伊宁：伊犁师范大学，2023.

[10] 孙秀丽 . 我国普通高中学生批判性思维状况的实证研究 [D]. 上海：华东师范大学，2020.

[11] 滕卓越 . 核心素养下小组合作学习在初中英语阅读教学中的应用研究 [D]. 烟台：鲁东大学，2022.

[12] 汪茂华 . 高阶思维能力评价研究 [D]. 上海：华东师范大学，2018.

[13] 王芳芳 . 小学语文学习共同体的建构研究 [D]. 武汉：华中师范大学，2022.

［14］王立群．语文课堂提问的有效实施研究［D］．长春：东北师范大学，2005.

［15］王雪婷．高中化学课堂提问与学生思维发展关系研究［D］．上海：华东师范大学，2013.

［16］王源．新手教师与熟手教师课堂提问比较研究［D］．青岛：青岛大学，2021.

［17］余易．高中英语新熟手教师阅读课堂提问策略对比研究：基于思维品质培养视角［D］．黄石：湖北师范大学，2022.

［18］周宏瑞．基于 QUILT 框架的线上初级综合课课堂提问应用研究［D］．沈阳：沈阳大学，2022.

［19］周俊晓．“双减”背景下中小学教师工作负担的问题分析及对策研究［D］．金华：浙江师范大学，2023.

［20］朱艳艳．小学英语课堂有效提问的策略研究［D］．镇江：江苏大学，2022.

［21］卓秀霞．学生语言能力发展视角下的高中英语教师阅读课堂话语分析［D］．赣州：赣南师范大学，2019.

【英文著作】

［1］Anderson，L. W. & Krathwohl，D. *A Taxonomy for Learning，Teaching and Assessing*：*A Revision of Bloom's Taxonomy of Educational Objectives*［M］. New York：Longman，2001.

［2］Barrows，H. S. & Tamblyn，R. B. *Problem-Based Learning*：*An Approach to Medical Education*［M］. New York：Springer Press，1980.

［3］Bloom，B. S. *Toward a Theory of Testing Which Includes measurement-evaluation-assessment*［M］. Berkeley：University of California Press，1968.

［4］Chaudron，C. *Second Language Classrooms*：*Research on Teaching and Learning*［M］. Cambridge：Cambridge University Press，1985.

［5］Dewey，J. *How We Think*［M］. Boston：D. C. Heath，1910.

［6］Long，M. H. & Sato，C. J. *Classroom Foreigner Talk Discourse*：*Forms and Functions of Teachers' Questions*［M］. Rowley，Mass：Newbury

House, 1983.

[7] Marzano, R. J. & Simms, J. A. *Questioning Sequences in the Classroom* [M]. Bloomington, IN: Marzano Research Laboratory, 2014.

[8] Mcinerny, D. Q. *Being Logical: A Guide to Good Thinking* [M]. Toronto: Random House, 2004.

[9] Norton, D. E. *The Effective Teaching of Language Arts* [M]. Ohio: Merrill Publishing, 1989.

[10] Nuttall, C. *Teaching Reading Skills in a Foreign Language* [M]. London: Heinermann Education Press, 1982.

[11] Perrot, E. *Effective Teaching: A Practical Guide to Improve Your Teaching* [M]. London and New York: Longman, 1982.

[12] Piaget, J. *The Origins of Intelligence in Children* [M]. New York: International Universities Press, 1952.

[13] Restall, R. *Logic: An Introduction* [M]. New York: Routledge, 2006.

[14] Ur, P. *A Course in English Language Teaching* [M]. Cambridge: Cambridge University Press, 2012.

[15] Vygotsky, L .S. *Mind in Society: The Development of Higher Psychological Processes* [M]. Cambridge: Harvard University Press, 1978.

[16] Wilen, W. W. *Questioning Skills for Teachers* [M]. Washington, DC: National Education Association, 1991.

[17] Wragg, E. C. *Classroom Teaching Skill* [M]. New York: Nichols Publishing Company, 1984.

【英文期刊论文】

[1] Achike, F. I. & Nain, N. Promoting problem-based learning (PBL) in nursing education: A Malaysian experience [J]. *Nurse Education in Practice*, 2005, 5(5): 302-311.

[2] Bai, B. , Wang, J. & Chai, C. S. Understanding Hong Kong primary school English teachers' continuance intention to teach with ICT [J]. *Computer Assisted Language Learning*, 2021, 34(4): 528-551.

[3] Boyd, M. & Rubin, D. How contingent questioning promotes extended student talk: A function of display questions [J]. *Journal of Literacy Research*, 2006, 38(2): 141–169.

[4] Cheung, A. Language teaching during a pandemic: A case study of zoom use by a secondary ESL teacher in Hong Kong [J]. *RELC Journal*, 2023, 54(1): 55–70.

[5] Chin, C. Classroom interaction in science: Teacher questioning and feedback to students' responses [J]. *International Journal of Science Education*, 2006, 28(11): 1315–1346.

[6] Commeyras, M. Analyzing a critical-thinking reading lesson [J]. *Teaching and Teacher Education*, 1990, 6(3): 201–214.

[7] Cullen, R. Supportive teacher talk: The importance of the F-move [J]. *ELT Journal*, 2002, 56(2): 117–127.

[8] Davoudi, M. & Sadeghi, N. A. A systematic review of research on questioning as a high-level cognitive strategy [J]. *English Language Teaching*, 2015, 8(10): 76–90.

[9] Ennis, R. H. A concept of critical thinking [J]. *Harvard Educational Review*, 1962, 32(1): 81–111.

[10] Erlangga, D. T. Student problems in online learning: Solutions to keep education going on [J]. *Journal of English Language Teaching and Learning*, 2022, 3(1): 21–26.

[11] Farrell, T. S. Novice-service language teacher development: Bridging the gap between preservice and in-service education and development [J]. *TESOL Quarterly*, 2012, 46(3): 435–449.

[12] Fiddiyasari, A. & Pustika, R. Students' motivation in English online learning during Covid-19 pandemic at SMA Muhammadiyah Gadingrejo [J]. *Journal of English Language Teaching and Learning*, 2021, 2(2): 57–61.

[13] Gayle, B. M., Preiss, R. W. & Allen, M. How effective are teacher-initiated classroom questions in enhancing student learning [J]. *Classroom Communication and Instructional Processes: Advances Through Meta-analysis*, 2006: 279–293.

[14] Guilford, J. Creativity [J]. *American Psychologist*, 1950, 5(9): 444-454.

[15] Hamiloğlu, K. & Temiz, G. The impact of teacher questions on student learning in EFL [J]. *Journal of Educational and Instructional Studies in the World*, 2012, 2(2): 1-8.

[16] Hussain, M., et al. Students perception of an industry based approach problem-based learning (PBL) and their performance in drug delivery courses [J]. *Saudi Pharmaceutical Journal*, 2019, 27(2): 274-282.

[17] Khasawneh, M. A. S. Language skills and their relationship to learning difficulties in English language from the teachers' point of view [J]. *The Journal of Quality in Education*, 2022, 12(19): 104-113.

[18] Kim, K. H. Can we trust creativity tests? A review of the torrance tests of creative thinking (TTCT) [J]. *Creativity Research Journal*, 2006, 18(1): 3-14.

[19] Oberle, E., et al. Do students notice stress in teachers? Associations between classroom teacher burnout and students' perceptions of teacher social-emotional competence [J]. *Psychology in the Schools*, 2020, 57(11): 1741-1756.

[20] Ong, K. K. A., Hart, C. E. & Chen, P. K. Promoting higher-order thinking through teacher questioning: A case study of a Singapore science classroom [J]. *New Waves-Educational Research and Development Journal*, 2016, 19(1): 1-19.

[21] Rosenshine, B., Meister, C. & Chapman, S. Teaching students to generate questions: A review of the intervention studies [J]. *Review of Educational Research*, 1996, 66(2): 181-221.

[22] Rowe, M. B. Pausing phenomena: Influence on the quality of instruction [J]. *Journal of Psycholinguistic Research*, 1974, 3(3): 203-224.

[23] Salerno, A. S. & Kibler, A. K. Questions they ask: Considering teacher-inquiry questions posed by pre-service English teachers [J]. *Educational Action Research*, 2015, 23(3): 399-415.

[24] Tofade, T. , Elsner, J. & Haines, S. T. Best practice strategies for effective use of questions as a teaching tool [J]. *American Journal of Pharmaceutical Education*, 2013, 77(7): 155.

[25] Wong, R. Classifying teacher questions in EFL classrooms: Question types and their proper use [J]. *TESOL in Context*, 2010, 20(1): 37-57.

[26] Yang, M. A critical review of research on questioning in education: Limitations of its positivistic basis [J]. *Asia Pacific Education Review*, 2006, 7(2): 195-204.

[27] Zou, D. Gamified flipped EFL classroom for primary education: Student and teacher perceptions [J]. *Journal of Computers in Education*, 2020, 7(2): 213-228.